大学体育教学的理论与实践研究

陈 晓 著

吉林摄影出版社
·长春·

图书在版编目(CIP)数据

大学体育教学的理论与实践研究 / 陈骁著. --长春：吉林摄影出版社，2022.10

ISBN 978-7-5498-5599-5

Ⅰ．①大…Ⅱ．①陈…Ⅲ．①体育教学-教学研究-高等学校 Ⅳ．①G807.4

中国版本图书馆 CIP 数据核字(2022)第 217871 号

大学体育教学的理论与实践研究
DAXUE TIYU JIAOXUE DE LILUN YU SHIJIAN YANJIU

著　　者：	陈　骁
出 版 人：	车　强
责任编辑：	岳青霞　罗　晗
封面设计：	豫燕川
开　　本：	787mm×1092mm　1/16
字　　数：	250 千字
印　　张：	10
版　　次：	2022 年 10 月第 1 版
印　　次：	2022 年 10 月第 1 次印刷
出　　版：	吉林摄影出版社
发　　行：	吉林摄影出版社
地　　址：	长春市净月高新技术产业开发区福祉大路 5788 号
	邮编：130118
网　　址：	www.jlsycbs.net
电　　话：	总编办：0431—81629821
	发行科：0431—81629829
印　　刷：	北京市兴怀印刷厂

ISBN 978-7-5498-5599-5　　　　　　　　定　价：48.00 元

版权所有　　侵权必究

【前　言】

体育教学历史悠久，古已有之。随着人类社会的发展，体育教学经历了一个不断充实、完善的过程。在其发展的过程中，现代体育教学逐渐发展成科学的教学、全面的教学，培养德、智、体、美全面发展人才的教学。如今体育教学越来越受到人们的重视，在社会中发挥着越来越重要的作用。各国先后对体育教学的内容、教材和教法展开了探索与改革。

学校体育课不同于文化课，是以一种独特的身体活动方式呈现的，在教学原理和方法的选择使用上都有其特殊性。体育教师作为学校体育课程内容的传授者，需要紧紧跟上体育课程变革的步伐，在继承与发展创新的融汇中熟练掌握体育课程教学的基本理论和方法是其必备的专业技能。

高校体育是立足于大学生身心和谐发展，将思想道德教育、科学文化教育、生活及体育技能教育与身体运动有机结合于一体的课程，是实现高等学校教育目标和完成人才培养工作的重要组成部分，对培养高素质大学生有着不可替代的作用。而大学体育教材是实现大学体育教育目的的重要载体，一本好的体育教材则是进行体育教学和培养高素质大学生的关键所在。为了全面提升学生的核心素养，加强大学体育课程建设，提高教学质量，我们组织了有关人员，根据国家的学校体育要求和文件精神，认真总结了目前高校体育教学的现状，在遵循体育课程建设的客观规律、广泛参考了众多优秀教材的基础上，结合高校体育教学和学生的实际需要编写了这本《大学体育教学的理论与实践研究》。

全书融理论和实践为一体，以"立德树人"为根本任务，树立"健康第一"的教育理念，以增强大学生体育意识，学会科学锻炼身体的方法为基本目的，引导大学生主动接受体育教育，以求能真正发挥体育课在促进大学生健康体魄的形成和全面发展大学生素质方面的作用。

本书在编写过程中参考了有关著作和文章，在此对相关作者表示衷心的感谢，对可能遗漏的作者表示诚挚的歉意。当然，由于编者水平有限，错误、不妥之处在所难免，还请广大读者在使用过程中批评指正，我们将不胜感激！

作　者
2021 年 12 月

【目　录】

第一章　体育教学概述 ……………………………………………………… 1
　　第一节　体育教学的概念与目标 ………………………………………… 1
　　第二节　体育教学的特点与功能 ………………………………………… 7
　　第三节　体育教学的内容及环境 ………………………………………… 16
　　第四节　体育教学的现状及发展 ………………………………………… 27

第二章　大学体育概论 ………………………………………………………… 33
　　第一节　大学体育的目的与任务 ………………………………………… 33
　　第二节　大学体育的健康功能 …………………………………………… 39

第三章　体育运动与大学生身心健康 ……………………………………… 45
　　第一节　大学生身心发展特征 …………………………………………… 45
　　第二节　影响大学生身心发展的因素 …………………………………… 48
　　第三节　体育运动对大学生身心发展的影响 …………………………… 50

第四章　高校体育教学方法的理论与实践 ………………………………… 53
　　第一节　高校体育教学方法与内容的关系 ……………………………… 53
　　第二节　高校体育教学方法与创新教育的探讨 ………………………… 56
　　第三节　高校体育教学中分层次教学法的应用 ………………………… 59
　　第四节　高校体育教学中体验式教学法的应用 ………………………… 62
　　第五节　高校体育教学中互动式教学法的应用 ………………………… 66
　　第六节　体育课程改革背景下高校体育教学方法创新策略研究 ……… 69

第五章　高校体育教学模式的理论与实践 ………………………………… 75
　　第一节　高校体育教学模式现状及其发展趋势 ………………………… 75
　　第二节　高校体育教学模式要素及整体优化 …………………………… 78
　　第三节　高校体育教学模式运用中发挥学生主体性研究 ……………… 82
　　第四节　高校体育教学欣赏型模式构建 ………………………………… 86

第五节　"生态体育"教学模式在高校体育教学中的应用 …………………… 92

第六章　高校体育教学与运动训练研究 ……………………………………… 97
　　第一节　高校体育教学与运动训练关系 ………………………………………… 97
　　第二节　高校运动训练和体育教学的发展趋势 ………………………………… 99
　　第三节　高校体育教学与运动训练理论实践研究 …………………………… 103
　　第四节　体育运动训练基本原则及对高校体育教学的启示 ………………… 106

第七章　素质教育视域下大学生体育教学评价 ……………………………… 113
　　第一节　体育教学评价的发展与规范 ………………………………………… 113
　　第二节　高校体育教学评价的改革 …………………………………………… 116
　　第三节　构建高校新的体育教学评价体系的必要性及可行性分析 ………… 119
　　第四节　高校体育教学评价体系改革的策略 ………………………………… 121
　　第五节　高校体育教学评价体系的构建 ……………………………………… 124
　　第六节　高校体育教学评价多元化模式的建设 ……………………………… 126

第八章　新时期高校体育教学的优化 ………………………………………… 131
　　第一节　高校体育教学方法的优化 …………………………………………… 131
　　第二节　高校体育教学内容的优化 …………………………………………… 134
　　第三节　高校体育教学环境的优化 …………………………………………… 136
　　第四节　高校体育教学模式的整体优化 ……………………………………… 139

第九章　新时期高校体育教学的创新 ………………………………………… 145
　　第一节　高校体育教学创新原则及路径 ……………………………………… 145
　　第二节　高校体育教学中学生创新意识与能力的培养 ……………………… 148
　　第三节　高校体育教学模式的创新改革 ……………………………………… 150

参考文献 ………………………………………………………………………… 153

第一章 体育教学概述

作为传播体育理论和体育实践知识的重要途径,体育教育有助于培养学生体育方面的才能,促进学生德、智、体、美等诸多方面素质的全面发展。本章主要从体育教学的概念与目标、特点与功能以及体育教学的现状和发展进行分析与研究,为体育教学实践活动的开展奠定一定的理论基础。

第一节 体育教学的概念与目标

一、体育教学的概念

体育教学是众多学科教学的一种具体形式,为了更深入地认识体育教学的概念,就需要首先了解教学的相关知识,对教学的基本含义进行分析是认识体育教学的重要前提。

(一)教学的概念

"教学"是一种动态行为,是教学工作者对具体的学科或技能组合进行的一种有组织、有计划的教学行为。可以从宏观和微观两个方面对教学的含义进行分析,具体如下。

首先,从宏观角度分析,教学是一种特殊的教育活动,它是指教学者就一种或多种文化为对象,对受教者进行教育,以期让受教者获得这种文化的活动。其中的教学者是掌握某种知识或技能的人,他与接受教育的人共同构成教学的主体。

其次,从微观意义上讲,教学是一种直观的教师进行教授和学生进行学习的活动,在这个活动中,教师是教学的引导者,是教学活动的组织者和知识传授者;学生是教学的"受众"和主体,简而言之,教学是一种以特定文化为对象的"教"与"学"的活动。

综上所述,可以认识到,教学是一种教育活动,这种活动需要教师和学生的共同参与,并为了实现某一具体的教学目标而相互协作。

(二)体育教学的概念分析

1. 体育教学是一门学科

体育教学包括体育教学目标、教学内容、教学评价等内容。体育教学是一种特殊的教学课程,它以发展学生体能、增进学生身心健康为主要目标,配合德、智、美、劳进行教学,促进学生身心全面发展。体育教学最重要的教学组织形式是课程教学,作为一门较为特殊的课程教学,体育课程教学的目的是促进学生在德、智、美三方面全面发展的同时,促进学生的身体素质的提高和身心健康,以保证教学目标的顺利实现。体育课程教学的概念更加侧重于体育运动知识与技能的学习与掌握,但在学生对体验和参与体育运动的认识、情感与社会适应等方面没有给予充分的关注。

2.体育教学是教育的组成部分

体育教学是在教师的指导下,从生物科学、教育学、心理学、社会学、哲学等学科中获得知识,在体育与健康方面有计划、有目的、有组织地进行以身体锻炼为载体的活动,它与德、智、美、劳的教育课程相配合,共同促进学生身心全面发展。除了运动能力的教育还有些许欠缺,在体育运动、体育活动与训练的教育方面都能够促进学生身心发展,这也是素质教育的主要内容。

3.体育教学是活动

体育教学主要是有目的、有计划、有组织的相关体育活动的组合。有关研究学者也提出了相似的看法:"现代体育教学是为了使学生能在身体、运动认识、运动技能、情感和社会适应能力方面和谐发展的有计划、有组织的活动。"体育教学不仅仅只是把理论知识背熟就可以,它是在参与运动技能的基础上,有一定技能进行的体育活动,达到体育参与一定运动技能的标准,是感受体验的积累。

(三)体育教学的要素构成

体育教学既不是完全的游戏和娱乐活动,也不是一种随意的、随心而行的教学活动,它是由多种要素共同组成,才得以正常、合理、科学地开展。一般来说,体育教学的构成要素主要包括以下几个方面。

1.体育教师

体育教师是体育教学活动的组织者、指导者,同时也是知识的传授者如果没有体育教师的参与,那么体育教学也就不会存在,这主要是因为缺少体育教师这一要素,体育教学也就缺少了"组织者"和"指导者"。在体育教学中,体育教师既是课程设计的参与者,同时也是课程教学的实施者因此,体育教师是体育教学中的主导因素。

2.学生

学生是体育教学中的受教育者,是体育教学的主要对象。在体育教学中,学生是最为活跃的因素,是主体因素。

3.教学环境

教学环境是指开展体育教学活动所需要的硬件和软件条件的综合。就体育教学而言,良好的体育教学环境在其中有着非常重要的影响,如果缺少良好的体育教学环境,那么整个的体育教学质量就会受到很大的影响,甚至会对体育教学的顺利开展产生非常严重的影响。

4.教学目标

教学目标是体育教师组织开展体育教学的根本依据,如果体育教学中缺少教学目标,那么后续的工作就无法正常开展。体育教学目标涉及多个方面和多个层次,它是体育教学中的定向因素和评价因素。

5. 教学内容

体育教学内容主要是由内容实体(体育课程)和内容的载体(体育教材)共同组成的。体育教学内容是体育教师根据体育学科的体系、学生的需要和社会的需求选编出来的。如果缺少了体育教学内容,那么体育教学就显得非常空洞。

6. 教学过程

教学过程是体育教学中的最为中心的要素。如果缺少这一要素,体育教学也就无法得到时间、空间和程序上的支撑,更无法进行体育教学的组织和管理。

7. 教学方法

在体育教学中,体育教学方法与体育教师、学生和体育教学目标等要素有着非常密切的联系,它是体育教师根据体育教学目标和学生的实际情况所选择的有效的教学手段和技术,其中包含了为促进学生加深理解教学内容中的各种信息及其传递的方式。

8. 教学评价

体育教学评价与体育教学目标和体育教师等要素之间有着密切的联系,它是体育教师根据具体的教学目标而制定的各种考核和评价指标,这些指标既包括体育教学的教学情况,也包括学生的学习情况。

二、体育教学的目标

学校体育教学目标是学生在实际参加的有关体育内容的教学情景中,对于最终学习成果的预期标准。体育教学目标是由体育教师制定的,具有较强的灵活性和实用性;为具体的体育教与学活动提供依据。除此之外,它还是对具体教学过程与丰富教学活动的定向。

体育教学目标又可分为阶段性目标和最终目标,其中阶段性目标是指体育教学各个阶段的目标;阶段性目标的总和就是最终目标,即体育教学的总目标。体育教学总目标是实现体育教学目的的标志。

(一)体育教学目标的特性

通过总结来看,体育教学目标的特性主要表现在两个方面。

1. 预见性和挫折性

首先需要说明的是,体育教学的目标并不是确立之日起在很短的时间内可以达到的,也就是说它并不是已经实现的现实。由此可知,体育教学目标对体育教师和学生共同完成体育教学活动有着很大的指导和激励作用,它是一种对体育教学活动结果的预见与期待。另外,学校体育教学还具有一定的挫折性,因为体育教学目标不是已经存在的现实,因此在实现的过程中会遇到许多不在预期之内的问题和困难,这些困难会给最终要实现教学目标以极大阻碍,要达成目标是需要付出努力,甚至经过非常艰辛的努力才能实现的。

2. 方向性和终结性

学校体育教学目标能够反映出特定的价值取向,这也说明了它带有明确的方向性。在实际的学校体育教学中,这个方向性也是非常直观、明确地展现在体育教学主体面前,如他们应走向什么方向,走到哪里等。

而体育教学目标的终结性不是体育教学的终止。体育教学目标的完成意味着下一个更高更强的体育目标的建立和开始,这个"终结点"只是整个体育过程的互相联系的一个一个的"歇脚点"。

(二)体育教学目标的功能

学校体育教育目标的功能主要表现在三个方面。

1. 体育教学目标是选择教学内容与方法的重要依据

体育教学中包括的内容较为广泛,除最为常见的体育运动项目技能外,还会学习一些和体育与保健相关的知识与技能。而正确合理的体育教学目标可以界定体育教学内容的范围,对教学内容的选择起到导向作用,并且对其做出最有价值的判断。另外,对于相应的教学内容选择对应的教学方法也是要以体育教学目标为依据的。

2. 体育教学目标是组织教学活动的重要依据

体育教学目标的高低决定了体育教学活动组织的严谨程度和方法。它会对体育教学内容的结构形式和教学的组织形式产生影响,指导体育教学的具体实施,例如,较低的体育教学目标(体育教学的子目标)可以轻易完成,因此在对其相关内容进行教学时可以组织得相对轻松一些;对待较高的目标则需要严谨、紧张、细致的教学组织。

3. 体育教学目标是教学评价的重要依据

对于体育教学的结果都要进行系统、客观的评价,以此获得有效数据和结论以用于反馈给体育教学管理部门。此后,相关部门会根据这些评价调整体育教学中的各种指标,促进教学水平的进步以及与学生的适配性。总的来看,学校体育教学目标是评价体育教学价值和效果的主要依据,它是进行学校体育教学评价的基本标准。由此可知,体育教学目标为学校体育教学评价提供了依据。

(三)体育教学目标制定的依据

1. 以人体的发育规律为依据

根据我国体育教学的现状来看,受教育对象的人体发育规律对教学的影响非常重要。人体发育有几个敏感期,这些敏感期对体育素质的培养有着非常重要的作用,抓住这几个敏感期进行体育教学可以达到事半功倍的效果。根据近几年的调查研究发现,按照我国国民的个体发育规律,各项素质发展的最高峰的年龄主要集中在学生时期,特别是大学时期。体育教学可以充分满足大学生的身心发展需求。在高校期间,要制订更加系统、合理、科学的体育教学计划,此阶段的教学最有可能会让学生受益终身。这也是体育教学的根本目标。

2. 以个体参与体育运动的兴趣与能力为依据

体育教学要想取得最佳的教学效果,就必须吸引学生的关注,提高学生参与体育运动的兴趣。要想提高学生的学习兴趣,就要根据学生生理、心理和智力的特点,将体育运动的趣味性、目的性、对抗性等相结合,使学生由浅入深、由易到难地逐渐掌握体育运动知识,从而获得参与体育运动的基本能力。而且教师还要注重学生对体育运动的兴趣,来提高欣赏体育运动以及参与运动的能力,使其成为学生终身的爱好。

3. 以促进个体综合素质的全面发展目标为依据

体育运动不仅仅只是提高学生的运动技能,还要综合发展学生的综合素质。在培养德育方面,一些体育运动项目要求学生克服内在和外在的双重障碍,培养学生坚定的意志和顽强的毅力。无论遇到怎样的困难都要遵循道德规范和准则,努力实现自己的目标。在智育方面,体育运动项目中,很多运动项目都要求运动者具有高速判断、分析、思维、想象的能力,让运动者智力得到良好的开发。在美育方面,体育本身就是健康美、形体美的代名词,无时无刻不在培养学生对美的感受能力、鉴赏能力、表现能力以及创造能力。因此,在制定教学目标时要考虑选择合理的教学内容,使学生的德、智、美的综合素质得到全面发展。

体育教学的目标能够把握体育教学的方向,是体育教学研究非常重要的一个部分,对教学改革发展起着至关重要的作用。

(四)体育教学目标的制定

1. 体育教学目标制定的步骤

(1)对体育教学对象进行分析。学生的学习需要是指学习者学习成绩、学习态度等的现状与体育教学目标之间的差距。分析学习者能力与条件是指学生在体能、运动技能、体育知识等方面已经具备的能力与条件。在对学生的学习需要与能力条件认真分析的基础上才有可能设置合理有效的学校体育教学目标。

(2)对体育教学内容进行分析。在制定体育教学目标时,要认真分析体育教学内容的特点与功能,这是因为制定具体的体育教学目标终归离不开具体的体育教学内容。教学内容的不同自然带来了不同的特点与功能。无目标的体育教学内容,注定也就没有教学内容的目标。

(3)编制体育教学目标。在分析完体育教学内容后,就要开始着手制定体育教学目标了。体育教学目标是指导体育教学活动设计、实施和评价的基本依据,它通常在"单元"或"课"的教学计划中按照课程的水平目标分别陈述。

2. 体育教学目标陈述

通常认为,体育教学目标陈述主要包括四个方面的要素。

(1)明确目标的行为主体。体育教学目标注重学生学习产生的变化和结果,而不应是像以往那样单纯以教师的"教"为行为主体的过程。现代,包括未来的教学都要以学生作为行为主体。因此,对于体育教学目标的陈述也就要注意突出体现这一趋势。

(2)准确使用行为动词。体育教学目标应采用行为动词来描述体验性目标和结果性目标,以区分学习结果的层次性。

(3)规定学习条件。在体育教学目标的陈述中要注意将教学条件一一描述出来。体育教学设计的准备工作和体育资源较多,这些都是体育教学中不可或缺的内容,就教学条件来讲一般包括情景、环境和信息三大条件。

(4)说明预期效果。体育教学目标的陈述中必须要有经过教学活动后预期达到的效果。另外,在对预期效果进行描述时要以学生为主体,且语言通常为肯定句。

3.体育教学目标制定的要求

(1)连续性。体育教学目标是通过若干年级目标、单元目标、课时目标的实现最后加以实现的,在不同年级之间、同一年级前后之间、不同单元之间等既有一定的独立性,又有相互联系与影响。因此,制定体育教学目标,无论是年级、单元,还是课时之间都注意相互之间的连续性。

(2)层次性。无论是体育情感目标、认知目标、运动技能目标,还是增强体能目标本身都有一个从低到高的层次。各领域目标之中,都有从低到高的层次。

(3)可操作性。体育教学目标的制定应具体、明确,便于操作,有利于给体育教学活动的过程以清楚的导向,并且目标制定得还要便于最终对教学效果的评价;体育教学目标的制定应尽量利于测量和评价。

4.体育教学目标制定的注意事项

(1)应具有教育价值。体育教学的目标要具有教育价值,在实际的体育教学中,有些体育教师过于强调目标分解和细节。结果制定了一些体育价值并不大,甚至没有价值的目标,这极大地影响了体育教学效果。

(2)应与体育课程目标相关。学校体育课程目标是体育教学目标的上位目标,每一个下位目标都必须与上位的目标有机衔接,并与之相一致。

(3)应与学生实际情况相适应。学生的需要、能力、条件等实际是制定体育教学目标的前提与基础,只有体育教学目标与学生实际情况相适应,这个目标才称得上是合理的目标,学生在追求这个目标的过程中才能获得相应的进步和增加对体育运动的兴趣。

(4)目标描述应准确直白。只有当学校体育课程教学实施的人能像目标制定者那样理解其中要达到的结果时,目标才是有效的。

(5)应找到学生与内容的结合点。在制定体育教学目标时,必须考虑体育教学的对象和教学内容两个因素。要使目标符合学生的实际,必须认真考虑学生的需要及要达到的学习结果。

(6)体育教学目标应注意及时调整。无论体育教师考虑得多么周密,体育教学目标制定得多么明确具体,其体育教学过程也不是一成不变的。体育教学根据实际情况及时调整既定目标。

(五)体育教学目标的实现途径

体育与健康课、课外体育活动与其他体育健身活动等内容是高校体育教学工作的主要内容,同时也是体育教学目标实现的基本方法。

1. 体育与健康课

体育与健康课是必修课,它是以教育部制订的教学计划为依据而开设的。体育与健康课是系统地对学生进行体育教育的课程。高校体育的基本组织形式也是体育与健康课。体育与健康课有三个基本特征。

(1)体育与健康课的课程标准是有一定规定的,授课的班级也是相对固定的。

(2)体育教师是专业的,场地、设备与器材也有较好的保证。

(3)体育与健康课有规定的考评,学生毕业与升学都要进行体育与健康课的测试。

2. 课外体育活动

我国高校体育目标得以实现的重要组织形式之一是课外体育活动。课间操、体育锻炼、早操、课外体育训练、课余体育竞赛以及在校外进行的郊游(夏令营、冬令营)等是课外体育活动的重要形式。课外体育活动具有四个方面的意义。

(1)课外体育活动能够提高学生学习体育知识和技能的积极主动性。

(2)有利于学生运动能力的提高,对学生自觉锻炼身体的意识和习惯具有积极的培养作用。

(3)有利于学生体质的增强,能够发展学生的体育兴趣与爱好。

(4)学生的课余体育生活能够得到丰富,学习和生活质量等也会有所提高。

3. 其他体育健身活动

其他体育健身活动是指在高校教育的各个环节中开展的有利于学生增进健康、增强体质的活动。这些健身活动也是实现体育教学目标的主要途径。

第二节 体育教学的特点与功能

一、体育教学的特点

体育教学与其他学科的教学存在着共性,同时又有自身的特性。体育教学与其他学科教学的共性主要体现在三个方面。首先,体育教学与其他学科教学的目的都是传授某种知识或技能。其次,体育教学和其他学科的教学都属于教师与学生的双边活动。教师与学生在教学活动中会有各种形式的交流,如语言上的交流和肢体动作的交流等。过往这种交流更多的是从教师到学生(教师传授给学生某种知识和技能),现代教学要求教师开始注重使这种交流转向从学生到教师。最后,体育教学和其他学科的教学均是以班级为单位开展教学活动,实际的教学过程中,班级教学的组成方式会根据需要有所不同,如学生入学时组成的自然班,或根据学生的不同兴趣组成的单项班等。

这里重点对体育教学区别于其他学科教学的特点进行分析阐述。

(一)教学环境的开放性

一般学科的教学主要是室内,而体育教学场所多为室外,目前,我国各级院校的体育教学多以体育实践课为主,体育教师组织的大多数体育课主要在学校操场进行。与其他学科主要是在封闭的教室、实验室等地方开展教学活动不同,体育教学的教学空间富有变化性,环境更加开放,即体育教学环境具有开放性特点。

体育教学环境的开放性决定了体育教学具有不同于室内教学的特殊要求,开展教学活动应注意以下几点。

首先,一般来说,室外活动受干扰因素多,如天气、地形、周边设施与噪声等,体育教学的组织管理工作愈加复杂,需要精心设计与统筹安排体育教学的组织形式、教学步骤与方法,以保证室外体育活动正常、有序地开展。

其次,室外的体育教学是动态的,大部分的教学时间学生都处在不断变化与形式多样的运动中,而且班级内学生较多,教师可采取分组教学。

最后,由于一些学校的体育基础设施条件较差,体育教师应重视和加强学生的安全教育。

(二)教学过程的直观性

体育教学以身体练习为主,身体是教学的主要载体,因此,教学过程拥有直观性特点。这种直观性主要体现在讲解、示范和教学组织管理三个方面。

1.教学内容讲解的直观性

在体育教学过程中,教师的讲解必须生动、形象,具有强烈的画面感,具体来说,要求教师对体育教学内容的讲解不仅要达到与其他学科教师讲解同样的要求,还要求体育教师的语言更加生动,并且富有一定的肢体表现能力,以使学生有形象、贴切、有趣的感觉。尤其是在某些拥有较难技术动作的体育运动教学中,教师不仅要对体育教学重点进行详细描述,还要用生动、形象的语言把复杂的技术动作进行简单化讲解,做到深入浅出,以便于学生理解和掌握。

2.动作技能示范的直观性

体育教学过程中,每一项体育项目的教学都涉及技术动作或战术配合,为了加深学生的理解和认识,教师有必要进行动作示范和实践演示。在教师运用示范法时,需要运用非常直观形象的动作示范,其中包括正确动作的演示和错误动作的演示,这些演示都是非常直观地展现在学生眼前,不能有任何的艺术加工和变形,这样才会使学生从感官上直接感知动作的正确与错误,以利于他们建立正确的、清晰的运动表象。当学生建立正确的动作表象后,再配合教师的讲解,使之与思维结合起来,从而掌握体育知识、体育技术和体育技能,改善身体素质,提高运动水平。

3.教学组织与管理的直观性

相较于一般学科的教学,体育教学中教师与学生接触更多,关系更融洽,对学生的组织与管理也带有直观性,如要更加富有责任心、更具有活力,身体力行,这对学生的身心也是一种无形的教育。对学生的组织与管理有助于教师对学生的观察与帮助,把控教学过程,也能为学生创造轻松的教学环境,使学生在教学中表现出来的言行都是他们最为真实的一面,有利于体育教师获得正确的教学反馈,并及时修正教学过程。

(三)教学内容的情感性

体育教学内容是非常丰富的,它会涉及多种与体育相关的内容,通过对体育运动项目知识、技能及相关内容的学习,学生可以普遍体会到源自体育的丰富情感。体育教学中,学生丰富的情感体验主要表现在三个方面。

1.体育教学内容的运动美

在体育教学过程中,师生可以体会到只有体育才能赋予人的人体美和运动美。一方面,学生通过接受体育教学,掌握体育健身的方法和技能,达到运动塑身的效果,使身体外在形态保持优美的线条和良好的身材比例;另一方面,学生通过对不同运动的学习,可以认识到人体不同的动作展现出的动作美和肌肉的动态美,这种美只有在运动中才能看到,是极为外显的美。

2.体育教学内容的精神美

在体育教学中,学习运动项目,了解运动知识能使学生真正领悟体育精神。学生通过参与体育活动可以陶冶情操,平衡心态。如学生在关键时刻始终保持冷静的心态,或是在胜利时表现出谦虚等。而每一项运动都向人们表现出了不同的美的特点和审美特征,如球类运动可以表现个人对球类技术的掌握能力,集体球类项目中除了个人能力外,还包含了与队友之间的协作和互助精神。这些内容都是人类积累下来的丰富的体育内涵,而通过体育教学能促进学生感受到体育的精神美,掌握体育的精髓。

3.体育教学内容的创造美

体育教学是一种创造性的社会活动,其创造的成果就是让学生获得内在的顿悟和精神上的启迪。同时,体育教学沟通着学生与学生、教师与学生,对提高学生社会适应能力具有重要作用。

此外,在体育教学中,学生通过体育教学中对美的感受,可以提高审美能力。既然有美的存在,那么就要有欣赏美的人和能够欣赏美、懂得如何欣赏美的能力。

(四)教学条件的制约性

体育教学内容丰富,涉及要素较多,因此也会受到多种因素和条件的影响,这就使得体育教学会受到更多客观条件的制约,这是体育教学的重要特点之一。

体育教学活动受到的制约主要来自学生运动基础、学生其他基本情况(年龄、性别、生理和心理特点)、体育教学场地条件、器材、气候等。这些因素都会影响体育教学质量的高低。具体来说,主要表现在两方面。

1.学生特点的制约

学生是体育教学的主体,是体育教学过程中体育知识与技能传授的受众,与学生有关的诸多情况会对体育教学本身造成一些影响,因此体育教学要想进行得顺利,获得良好的教学效果,就要注重对学生的运动基础以及体质强弱等实际情况的区别对待。这些差异具体如男生与女生不同的身体形态、机能水平、运动能力等,根据这些差异,学校体育教育部门和体育教师在进行教学设计、教材选择和教学组织等方面的工作时就要考虑周全,否则就会影响教学目标和教学效果的实现。

2.教学条件的制约

教学环境状况会直接影响体育教学效果。在体育教学中,体育教学环境是体育教学的重要载体,其质量的高低对体育教学会产生较大影响。例如,体育教学活动多在户外开展,面临的是严重的空气污染,或邻近马路带来的噪声污染等问题,这些问题则势必会影响体育教学主体在教学活动中的状态与情绪;天气对于室外体育教学的影响也是不能忽视的,如遇到雨、雪、大风等恶劣天气时,室外体育教学不得不被迫停止,转而来到室内进行一些体育理论课的教学,长此以往,不利于体育教学目标的实现。

总之,体育教学受多种体育教学条件的制约,要想顺利开展体育教学,就要摆脱不利于体育教学的各种条件因素的影响,尽量将制约因素的影响程度降至最低。

(五)技能学习的重复性

在体育运动项目的技能学习中,重复练习是学生技能提高的重要基础。新的《体育与健康课程标准》指出,现代体育教学应促使学生完成运动参与,促进学生的身体健康、心理健康,并提高学生的社会适应能力。体育教学最基本的目的则是使学生掌握运动技能,而要达成这一体育教学目的,就必须重复学习运动技能。当然,这里所说的技能学习的重复性,并非是某一运动技能的"简单机械化重复",而是同一运动技能学习的重复性,在这种重复过程中,学生的运动技能是持续、螺旋式提高的。

具体来说,结合体育运动技能的形成具有阶段性和规律性分析,运动技能形成大致分为四个阶段,即:练习分解动作阶段、练习连贯动作阶段、独立完成连贯动作阶段和熟练完成连贯动作阶段。学生要想熟练掌握运动技能,需要经过长期的反复练习。学生无论是掌握篮、足、排运动中的复杂技能,还是学习体操中的滚翻、田径中的跑等技能,都需要经历由不会到会、由简单初步学习到复杂深入学习、由不熟练到熟练的发展过程。

技能学习的重复性要求体育教师在体育教学过程中要严格遵循循序渐进的教学原则,逐步指导学生掌握各种运动技能,根据不同运动技能的特点,合理安排练习内容和时间,通过反复练习,使学生逐步掌握、提高运动技能。

(六)身体活动的常态性

正如前面所言,在体育教学中,学生需要不断重复学习体育运动技能,这也决定了学生在体育教学活动中,要经常进行身体活动,即体育教学具有身体活动的常态性特点。体育课堂教学过程中,教师与学生的身体操练非常频繁,这种几乎常态化的特点成为体育教学非常显著的特点。

体育教学要求学生掌握基本的运动技能,体育教学过程中有很多对身体活动的要求是体育教学与其他学科教学的最大不同之处。文化类学科的教学环境多为教室、实验室或多功能厅,此类学科的教学要求教学环境要保持相对的安静,这样才能激发学生的思维并产生很好的学习效果。而和这些学科相比,体育教学却刚好相反,其教学的地点多为户外或专用运动场馆,普遍较为宽阔,而且在大多数时间的运动技术练习环节并不需要刻意保持安静,学生之间、学生与教师之间都可以随时有相关的交流和沟通,如此才更有利于对运动技术的学习。因此,在体育教学中,几乎所有内容都涉及身体活动,或者是为即将到来的身体活动做准备的活动,就是对作为"身体知识"的体育教学的最好诠释。在反复练习的过程中,对学生的机体产生一定的刺激,安排得当的生理负荷有利于发展学生的身体。

需要特别指出的是,体育教学的身体活动的常态性特点不只针对学生,同时也包括教师,在体育教学过程中,不仅是学生要进行具有一定运动负荷的运动,教师在做示范、做指导和参与组织教学中也需要付出不少体力。

(七)身心练习的统一性

身体与心理的发展具有密切的联系,现代科学研究发现,身体健康有助于改善心理健康,而心理健康与否也可以影响身体健康。因此,体育教学具有要求学生身心共修的特点。

体育教学重视对学生身体的改造,与此同时它还强化学生的心理与多种适应能力的发展。而在其他学科的教学中却无法达到这样的效果,这主要是因为体育教学营造了不同种类的教学情境,一系列积极的情境使得参与其中的人在潜移默化中受到感染,在体育教学中,学生的身心发展看似是多元的,但实际上是一种身心统一的锻炼,即达到身体与心理的共同拓展和发展,表现出十足的统一性。身体发展是基础,心理发展是依赖,并能促进身体发展。从这一方面来看,体育教学不仅可以促进学生掌握技能、发展身体、增强体质,而且有利于培养学生的思维方式和良好的心理品质,促进学生身心健康与协调发展。

体育教学中学生身心练习的统一性,要求教师应做好以下教学工作。

首先，体育教学内容的选择应有助于学生的身心发展。体育教学内容的选择会影响到体育教学效果，作为体育教学活动的依据，教师在选择时应慎重。为了使体育教学体现出身心统一的特点，教师应针对学生的身心健康状况合理选择教学内容，所选教材的编排要符合该年龄段学生的心理特点，除此之外还要满足其美学、社会学等其他方面的要求。使学生通过体育教学中的知识学习、身体练习、情感体验，身心受益。

其次，体育教学方法的选用要符合学生的身心特点。与其他学科的教学相比，体育教学的教学方法更加丰富，这更加便于体育教师结合体育教学实际合理选用教学方法，为了体现体育教学中学生身心练习的统一性，体育教师选择的教学方法均应遵循与学生年龄段相适应的身心变化规律，选择正确的、适合学生身心发展的体育教学方法，体育教师必须根据学生的这些身心特点安排教学方法，才能有效地激发学生的积极性和兴趣，促进学生身体和心理的共同发展。

最后，体育运动负荷的安排应注重学生的身心承受能力。身体练习是学生获得技能的重要基础，在此过程中，学生还要经历各种心理体验。具体来说，在体育教学实践中，教学内容以身体练习为主，需要学生运用身体器官直接参与活动，不仅要承受一定的身体负荷，还要承受一定的心理负荷。学生在完成大负荷的身体练习时，要承受肌肉活动引起的疲劳与不适，体验不同的心理过程，磨炼思想意志，还要克服困难、团结一致、努力拼搏，感受失败和成功的心境。这种身心练习的统一性更有益于学生的身心健康发展。

（八）人际关系的多边性

教学是师生共同参与的双边互动过程，在体育教学中，人际交往占据重要位置，体育教学中的人际交往具有多边性的特征。现代体育教学的组织形式主要在单人、双人、小群体以及全班之间不断转换，要求学生在不同的时空内完成不同的身体运动、不断地变换角色位置，彼此之间建立多种不同的联系。因此，在体育教学中，师生之间、生生之间、小群体之间具有频繁且形式多样的人际交往关系。

体育教学过程中人际关系的多边性要求体育教师在教学中注意以下三点：一是尊重学生，关注学生成长；二是运用多种方式与学生交流和沟通；三是鼓励与评判，教会学生在体育课堂中初步体会社会交往；四是引导学生相互之间进行配合，培养学生的合作意识，提高其人际交往能力。

二、体育教学的功能

（一）传播体育知识

知识是教学的基础性功能，体育教学也不例外，在体育教学过程中，体育教师承担着传播体育知识的重要责任，因此，体育教学具有传播体育知识的重要功能，体育教学主要是通过改造学生身体的手段来实施教学的，从教与学的角度来说，可以将体育知识形容成一种

"身体的知识"。这种知识最初伴随着人类的发展而发展,每个人类社会时期都有相应的"身体的知识"的传承,如在原始社会,身体的知识就是人类通过走、跑、跳、投、打等动作捕获猎物或逃避猛兽等行为。而在现代社会中,体育知识的传承内容变成了某项体育运动(如篮球、体操)的基本知识或某些体育技能。

应该认识到,体育教学中对体育知识的传承不是简单的"身体的知识"的模仿,更多的是通过体育教学,来向教学对象——学生,传承体育文化,即体育教师通过体育教学内容向学生展现、传授和体育教学内容相关的文化。

(二)传授运动技能

科学研究表明,适当参加体育运动对人的身体素质的发展非常有益,而体育教学就成为传授这些运动技术的最好方式。体育教学中所涉及的体育运动技能对于人体的要求不再像过去那样严格,这里的运动技能主要是指如球类、武术、田径和游泳等运动技巧和方法。

就我国体育教学现状来看,学校体育教学活动的组织过程就是体育教师以体育教学内容为依据,对学生传授体育知识与相关技能的双向信息传送的过程。因此,运动技术就成为体育教学的主要内容,也是重要内容。具体来说,教师在体育课中传习的是各项具体运动技术,如足球运动中的传球技术,甚至可以细分到内脚背传球技术。因此,对于运动技能的训练,没有实践就无法学会。

体育教师是运动技术的掌握者和传播者,在向学生传授运动技术的过程中发挥着十分重要的作用。体育教师对运动技术的传授应从简单的、入门的、基础的入手,在此之后逐渐积累,由简到繁。运动技术不同于其他学科的学习,它不仅需要学生对运动理论有深刻的了解,还要身体力行地亲身参与技术练习,在无数次的重复中逐渐在脑海中和身体上建立起对技术的表象反应,最终到熟悉动作以及可以在下意识的情况下做出正确的动作。整个教学过程是循序渐进的。

(三)传承体育文化

从某种意义上讲,体育教学真正的目的在于教会学生正确的体育运动方法,使其能在未来的生活中对身心产生持续的、良好的影响,体育教学也可以看作是一种体育文化的传承。体育知识、运动技能的传授都是为体育文化的传承而服务的。

从文化的发展角度来看,传承体育文化是一个长期的、系统的过程,要想真正实现体育教学传承体育文化的功能,就必须使学生通过不同阶段的体育教学,学习到较为完整的运动知识、运动文化。具体应从以下三个方面着手。

首先,保证单次体育课内容之间教学的连贯。可以把体育课中传习的各种小的运动技术累加起来,学生学到的是某个运动项目的完整技术,继续累加,就学到了各种运动技能。

其次,保证不同阶段体育教学的可持续发展。体育教学是由每周两至三次的体育课组合而成的一种贯穿全年的教学计划。其中根据不同的教学周期可以分为课程教学、周教学、学期教学以及学年教学。比学年教学周期更长的就是多年教学。在小学体育教学、初中体育教学、高中体育教学和高校体育教学中，应将这几个不同阶段的体育教学有机统一起来，以促进学生对体育文化全面系统地掌握和传承。

最后，重视发挥学生的主体性作用。当前，人们对以人为本的教育教学理念的追求使得人类自我知识的回归不仅代表了体育教学的特殊性，还赋予了体育教学知识传承的特殊意义。具体到体育教学中，要求教师在体育教学的开展和实施中重视学生的主体性作用，因为学生才是体育文化的继承者和传承人，体育教学就是要发挥体育文化的传承功能，使体育文化能通过体育教学获得长久的传承。这也是现代教育强调以人为本的重要原因所在。

（四）体验运动乐趣

乐趣是体育的特质。一个运动项目从不会到熟练掌握，人们会有一定的成就感和乐趣。运动中友伴之间的巧妙配合也能产生许多意想不到的乐趣。体验运动乐趣是人们从事身体运动和体育比赛的重要目的，让学生体验运动乐趣是体育教学的目的之一，也是体育教学功能的主要表现之一。

在学校体育教学中，教师应根据学生个性的、身体素质等的差异，让他们在掌握运动技能和进行身体锻炼的同时，体验运动的乐趣，以使学生喜爱运动并养成参加运动的习惯。具体来说，教师需要做好以下三方面的工作。

1. 正确对待和理解运动乐趣问题

每一项成熟的体育运动项目都有其固有的乐趣，这些乐趣来自该运动项目所特有的运动过程和比赛特征。选入教材的运动项目或是游戏也是如此，只不过有的运动项目乐趣明显，有的不太明显。教师应该结合教材、学生实际、教学目标以及教学手段，深刻理解和运用运动乐趣。

2. 让学生不断获得成功的运动体验

很多时候，体育教学中的身体练习是枯燥的，很多学生经过自己的刻苦努力，不断练习提高，较好地掌握了运动技能，获得了极大的成就感，他们对运动乐趣的体验就更强烈和深刻。因此，学校体育教师应该采用各种教法、手段，让每个学生都有机会获得成功的运动体验，从而提高学生参与运动的积极性与主动性。

3. 开发利于学生体验运动乐趣的教学方法

在体育教学中，教师要善于采用多种方法来帮助学生体验运动的乐趣。如采用挑战性练习法、游戏法、让位比赛法、分组总分比赛法等教学方法，通过情节化、游戏化、竞赛化、简单化、生活化等多种手法，让学生能够充分地、平等地体验到体育运动中的各种乐趣。

（五）强健身体素质

体育运动的健身功能是客观存在的，增强人民体质是发展体育运动的本质属性。经过长期的改革与实践，现代高校体育课程在规划设计教学大纲、选择教材内容、安排课时、实施教学组织等方面已逐渐合理化与科学化。

当前,促进学生身体的发展,实现体育教学的健身功能是我国学校体育教学的根本目标,要实现这一目标,需要教师做好以下三点。

1. 重视健康教育

教师应根据体育教学的规律特点,将各种行之有效的健身内容、方法与手段(健身的、竞技的、娱乐的、保健的等)应用到体育教学中去,有机协调并统一体育教学的教育性、健身性、竞技性和娱乐性等特征,从而提高体育教学质量,促进学生积极参与体育运动,科学地进行体育锻炼,进而取得强身健体的效果。

2. 合理安排负荷

运动有助于健康,但是应注意将运动控制在科学的范围之内。为保证学生身体的健康,体育教师应酌情掌控运动负荷强度。学生亲身参与体育运动实践在体育教学活动中是必不可少的。而既然参与运动实践,就必然会使身体承受一定量的运动负荷。合理的运动负荷对发展学生身体素质有极大的帮助,它对学生的机体或多或少会产生一定的刺激与影响,其影响的程度要视运动项目的内容、学生身体素质、持续运动的时间、运动间隙时间、营养补充等状态而定。只有适应学生身体发展状况的身体活动量,才能取得良好的教学效果。

3. 突出锻炼重点

体育教学内容丰富,不同的运动项目对身体的锻炼重点不同,如足球运动对人体的耐力、爆发力、速度和灵敏度有着较高要求;游泳对人体的心肺功能和协调能力有较高要求等。在体育教学中,教师应结合学生的身体状况有区别地、有针对性地选择合适的体育教学内容,组织学生进行体育锻炼,使学生获得身体的合理发展。这要求体育教师在制订教学计划前就要对学生的普遍体质与运动基础有一个清晰、全面的认识,并遵循体育教学的规律,运用科学的教学方法合理地组织体育教学,以此来有效发挥体育教学的健身功能。

(六)促进心理健康

体育教学不仅有利于学生的身体发展,还对学生的心理健康发展具有重要的作用。和体育教学的健身功能一样,体育教学促进心理健康的功能主要是通过教师传授来实现的,因为教师的一言一行无时无刻不影响着学生的思想,这些行为都是在潜移默化中进行的,因此,教师必须身体力行、为人师表,为学生做出表率与榜样。

体育教学对学生心理健康发展方面的作用主要表现在以下两个方面。

1. 平和心态、缓解压力

参与体育活动有助于学生体验各种心理,在参与体育运动的过程中,学生要频繁面对成功与失败,其中失败和挫折的次数远远多于成功。由此可以培养学生在逆境中正确处理心态的能力,作为胜利者也要做到戒骄戒躁,只有具备这样的素质,才能再接再厉,取得成功。教学更为重要的作用是传授各种人类社会的道德、规范与理念,这是学生走向社会之前的必学内容。

此外,平和的心态有助于学生提高自我抵抗压力的能力,而在体育活动中,也有助于学生获得身体和心理上的放松,缓解学生的学习压力。

2. 修养品德、完善人格

首先,体育教学具有帮助学生形成良好思想品德的功能。学生在体育教学与比赛中,可以养成遵纪守则的良好习惯。根据体育运动或游戏的规则,运动竞赛或游戏要想顺利进行,必须依靠参与者自觉遵守既定规则。在体育练习或比赛(游戏)中,学生还要懂得关心同学,尊重对手、尊重裁判,自觉遵守体育课堂秩序。

其次,实践证明,系统的体育教学对陶冶学生良好情操、塑造学生完美人格具有重要的作用。体育教学中,大多体育运动或体育游戏都需要集体共同参与方能完成。体育运动取胜关键要靠集体的团结配合。因此,学生为了取胜,必须认识到团结互助、协调合作、发挥集体力量的重要性。总之,身体练习的过程中体力活动与智力、情感、意志活动紧密结合,融于一体,形成身体思维,所以学校体育教学能使学生的体能和思维活动同时得到发展,学生作为体育运动团队中的一员,需要处理好个人利益与集体利益的关系,应抱有克服一己私欲、顾全大局的思维行事。这有助于学生形成完善的人格。

总之,体育教学的功能是多元化的,现代体育教学要求教师不断提高自身的体育专业素养和体育教学能力,以此来充分发挥体育教学的多种功能,促进学生的全面发展,从而使学生成为适应社会发展的高素质人才。

第三节　体育教学的内容及环境

一、体育教学内容

体育教学内容是体育教育的载体,它是根据体育课程的目标,体育教学的内在规律以及社会需要来确定的。体育教学内容体系的构建必须在三个方面的基础上,充分考虑体育课程各个阶段的目标,即学生的身心特点,教学内容的纵横联系,以及教学时数、教学条件三个方面的因素,使教学内容的知识和技能体系同促进学生主体社会化所需的素质结构的形成结合起来。

(一)教学内容的概念

世界著名教育学家佐藤正夫指出,"构成教学内容最重要的因素是学科向学生传授的知识内容,即教学内容是由该学科的知识素材构成的。"从学科的知识素材中选择、整理并组织的,其目的在于实现一定教学目标的必要素材,就是教学内容。所以,知识素材的教育价值越高,它在整个教学内容结构中的地位便愈重要。不是各门学科的一切知识素材都可作为教学内容。

体育教学的技能与知识素材庞大复杂。因此，必须筛选那些适合体育教学目标的身体练习和理论知识作为体育教学内容。体育教师要深刻理解体育教学内容的内涵，不仅要掌握它们，而且要善于从教育学、体育学和教学论的角度去选择和整合它们，以便于发挥它们在教学过程中的生物学、社会学和教育学功能，即新《标准》提出的身体、心理与社会的三维健康观。因此，优秀的体育教师必须学会教学内容的选择与整合。这也是国家教育部颁布的《体育与健康课程标准》对每个教师业务素质的客观要求。

(二)体育教学内容的类别与划分

1. 体育教学内容的特殊性与松散性

体育教学内容不同于数学、物理和化学学科的教学内容，它不具备鲜明的顺序性、阶梯性和逻辑性。在课程内容上先学篮球还是先学足球，先学体操还是先学田径？它们之间有什么逻辑与主从关系并不明确。这正是体育教学内容整合安排和优化组合的难关所在，这也是体育学科与体育教学内容的特殊性与松散性所在。

对此可概括为以下几点：①体育教学素材庞博复杂，素材间主从关系、逻辑关系不明朗，无论横向还是纵向（同类身体练习之间）联系都较松散。②体育学科的教学目标受社会、国家以及教育发展的影响呈现出多样性的特点。因此，教学内容在服务于教学目标时也具有多种指向性。③教学内容随学生的生长发育、认知水平和性格爱好的变化，相应地产生较大的变化。教材内容的排列不是呈直线递进式，而是呈复合螺旋式。

2. 体育教学内容的类别与划分

由于体育教学素材丰富多彩，比较松散，逻辑顺序不明显，所以体育教学内容类别呈多样性的状态。不同的分类标准，体育教学内容有不同的类别。①按学校体育的目标划分：新颁布的《标准》将体育教学内容分为运动参与、运动技能、身体健康、心理健康和社会适应五个方面的内容。②按课堂体育教学的目标划分：可分为增进健康、发展体能；体育与健康基本知识；基本运动能力与运动技能；体育兴趣与个性心理品质培养等多方面教学内容。③按课堂体育教学教材类别划分：可分为游戏、田径、球类、基本体操、健美操、武术与民族体育活动等多方面教学内容。④按体育学科能力划分：可分为体育运动能力、体育锻炼能力、体育娱乐能力和体育观赏能力等方面教学内容。⑤按教学内容在教学大纲中的地位划分：可分为重点、一般和介绍性三类教学内容。⑥按体育课的"授业"要求划分：可分为体育运动的基本理论知识，基本运动技能和基本运动技术三类教学内容。⑦按年龄和学段划分：可分为1—3年级与4—5年级教学内容，初中与高中教学内容和大学教学内容。⑧按教学任务划分：可分为学习内容、复习内容、练习内容等。

在众多的体育教学内容中，核心是锻炼身体、发展体能与提高运动技能所需要的知识、方法和手段。其他内容例如心理健康、意志品质培养、和谐的人际关系与团队合作精神等，都只有通过学习和实践同上述内容相关的身体练习才能发展和形成。

(三)体育教学内容选择的原则

"体育教学的内容,应当根据体育教学目标、体育教学的基本规律和我国的国情来确定。"这是我们在确定体育教学内容体系时首先要考虑的三个重要条件,也是基本的前提。体育教学内容非常丰富,真正作为教学内容的,仅仅是其中的一部分,因此,需要我们去认真遴选。在选择体育教学内容时,我们应该遵循以下原则。

1. 实践性与知识性相结合的原则

实践性和知识性相结合是由体育的本质属性所决定的。利用身体活动来达成教学目标是体育教学的一种最重要的形式。通过实践,要使身体的大肌肉群得到活动,各内脏器官系统得到锻炼,同时要体验到体育的乐趣、受到品格的培养和体育方法的训练,这些都是以体育教学内容作为媒介实现的。体育教学的一个重要目标之一是使学生掌握体育知识和发展体育能力,为终身体育奠定基础,这个目标的实现就依赖于实践性与知识性的结合。知识性主要体现在为什么做、怎么做和为什么要这样做上,这固然要通过基础理论内容进行讲授,但更多的是在实践中体验、理解,通过运用来加以强化。体育教学内容体系就是实践性与知识性的结合体。

2. 健身性与文化性相结合的原则

健身性是体育教学区别于其他教学的显著特点,体育教学内容体系要具有健身性是体育教学的本质属性的要求。而文化是人类认识世界、改造世界和适应环境的产物,体育本身就是一种文化现象,体育教学内容的文化性就是体育教学内容要有利于提高学生对体育的认识,促进体育情结的培养,树立体育的价值观和体育理想,进行良好的体育道德的熏陶。健身性与文化性相结合,就是体育教学内容体系既具有良好的健身价值,又具有丰富的体育文化内涵。

3. 民族性与开放性相结合的原则

体育的形式和内容总是与某些国家或地区的民族文化传统和民族习俗有关。当今许多风行于世界的体育项目都是发端于各个不同的民族和国家。如我国的武术、日本的相扑、希腊的马拉松、欧洲的击剑等,无不具有鲜明的民族色彩。体育教学内容的民族性就是要把具有我国民族特点的那些优秀项目吸收进来,既发挥它们的健身功能,又发挥它们的优秀传统教育效应。但体育教学内容仅强调民族性是不够的,任何民族,无论它有多么优秀,在发展过程中,总会受到来自方方面面、形形色色的因素的约束,总会具有一定的片面性,相对于大千世界来说,这种局限性就显得更为明显了。因此,体育教学内容必须体现出民族性与开放性的特点,即要在保留优秀的本民族体育内容的基础上,充分吸取世界各民族的优秀体育内容,将它们融合在一起,使之形成一个优势互补,功能齐全的体育教学内容体系。

4. 继承性与发展性相结合的原则

传承优秀的传统文化是教学的重要功能。体育教学内容的选择要吸收我国历史悠久的传统体育内容,使这些宝贵的文化遗产得以继承,这就是体育教学内容的继承性原则。

但时代在前进,任何事物总是要不断地发展才能适应时代的要求,否则就必将被历史所淘汰。文化的继承是有选择的、批判性的,对于传统体育内容,我们在有选择地继承的基础上,要进一步丰富它的内涵,在保留它的原有特点和精华的前提下剔除那些落后的不健康的东西,使它具有时代气息,符合现代社会发展的需要,这就是体育的发展性原则。我们对于武术的继承和发展,就是体育教学内容继承性与发展性相结合原则的典范。

5. 统一性与灵活性相结合的原则

体育教学内容要面向全体学生,它必须有一个相对统一的标准,使体育教学有一个较为规范的目标,这就是体育教学内容体系的统一性。但它绝对不应该是完全整齐划一的。首先,我国地域辽阔,各方面的条件不一致,发展不平衡,教学的相关基础不是同一起点。其次是学生的身心发展水平有差异,体育基础、接受能力也不相同,即使是同一教学阶段的学生,都会表现出明显的不同特点,因此,教学内容必须留有一定的余地,具有灵活性,能根据教学条件和学生特点,灵活地加以选择,这就是体育教学内容体系的灵活性。只有兼顾统一性和灵活性,才能有效地使不同条件的所有学生的身心都能得到全面发展。

(四)体育教学内容体系的结构特征

体育教学内容体系的结构是指体育教学中特定的内容之间的功能组合。这个结构是学生掌握体育知识、技术技能、培养品格、进行体育方法训练,实现体育教学目标的知识基础。它必须既能满足社会的需要,又能满足作为教学主体的学生的需要。其中学生的需要是激发学生良好的学习动机,产生积极的学习行为的诱因。换句话说,就是学生对能满足自己需要的教学内容才能产生兴趣。另外,体育教学目标的达成是建立在相关教学内容共同作用,产生良好的综合效应的基础之上的,因此,教学内容的优化组合是体育教学内容体系构建的关键。而社会需要是社会对教育目标的要求,从这个角度来说,满足社会需要的过程就是一个促进学生逐步提高社会化限度的过程。社会需要和学生主体需要具有同一性,但它们在满足的层次上,时间顺序上是不一致的,我们必须把握体育教学内容结构的基本特征。

1. 体育教学内容结构具有主观目的性

体育教学内容体系的结构具有明显的主观目的性,当客观的需要和主观目的相一致时,建立的体育教学内容结构才是合理的。目的性具有二层含义。首先,在不同的学习阶段,学生对体育教学内容的需要是不一致的,体育教学的内容结构要与不同学习阶段学生的需要相对应,体现出结构的层次性,因而需要人们在丰富的体育内容中认真遴选,合理组合,按照体育教学目标去确定体育教学内容结构。其次,体育教学内容结构要有利于学生形成合理的认识结构、技术技能结构、能力结构和体育方法结构。所以体育教学内容结构就要能给学生在体育知识、技术、技能、体育方法和终身体育能力的形成方面提供一张理想的网络,这就是体育教学内容结构的目的性。例如在小学阶段,由于体育教学的目标主要是提高学生对体育的兴趣,发展他们的基本活动能力,培养自尊心和自信心,进行团队精神的熏陶,因而采用的主要教学内容是活动性游戏、简单的体操和小型球类活动等,让他们在学习过程中去感受体育的乐趣,在集体练习中培养协作精神,在完成练习中树立自信,在整个活动中使各种基本活动能力得到提高。进入中学以后,体育教学目标提高,侧重点有所改变,这时的教学内容结构就需要相应地进行调整。总而言之,不同的教学阶段有不同的教学目标,也就有不同的教学内容,教学内容不断地调整主观目的就是为更好地实现体育教学目标提供条件。

2. 体育教学内容结构具有联系性

体育知识和运动技能的种类是极其丰富的,任何体育教学内容结构都只能包含其中的一部分,而选取的这一部分内容,应具有广泛的联系性,通过这些内容的教学后,可以有效地扩充学生的知识范围,打下良好的体育运动技术、技能基础和建立良好的能力结构,为学生进一步的发展创造条件。

体育教学内容结构的联系性表现在两个方面。一方面是具有横向特点的广泛性。身心的发展要求是全方位的,既包括保健、营养、卫生、锻炼原理、竞赛规则等基本知识,又包括促进身体发展的各种运动技术技能和练习方法,相对广博的体育基本知识和多样化的运动技术、技能是形成良好的体育态度和体育能力的重要条件。另一方面是具有纵向特点的复合性。体育教学内容要随着学习的进行逐步深化,这是教学的基本规律,就单一的教学内容来说,这就是它的纵向特点。但是体育教学目标是多元的,它的实现依赖于多种教学内容的综合效应,因此,它势必要求多种内容协同向纵深发展,这就是纵向发展的复合性。这种复合性和广泛性的结合,可以提高体育教学内容结构的全面性和协同性,教学内容的广博性和教学内容之间的联系性对于学生创造性的发展也是非常有利的。

3. 体育教学内容结构具有包容性

体育教学内容结构的包容性表现在体育教学内容结构内部相互渗透、彼此贯通。只有整个内容体系相互联系,形成一个完整的知识体系,产生共轴效应,才是科学的体育教学内容结构。作为一个知识结构,体育教学内容结构应该是纵向相连、横向相关的,这种结构内部互相关联的特性,必然要求不同的内容之间彼此包容。同时体育教学内容健身效果的共性和优势现象,使它们对于身心发展的效应表现出包容性。体育教学内容结构的包容性使教学内容的选择具有更大的灵活性,体育知识技能具有更大的综合性。

4. 体育教学内容结构具有动态性

体育教学内容结构要跟上体育科学的发展步伐,符合社会发展的需要,就必须具有动态性。随着人们对体育科学研究的不断深入,在对人体的认识、体育锻炼对人体的作用、运动行为对身心的影响诸方面,都会产生新的知识,这些新的知识必然要及时在体育内容结构中反映出来。另外,随着社会的发展,社会对人才素质的要求是不断变化的,譬如,现代社会的快节奏的、高竞争性的特点,对人才的竞争力、创造力和良好的心理素质提出了更高的要求,这些要求当然地也就应该反映在以满足社会需要和学生需要为出发点的体育教学内容体系结构之中。所以体育内容体系结构总是处在一个动态的变化之中。

5.体育教学内容结构具有实践性

体育教学内容以实践性为主,这是体育的本质属性所决定的。体育的基本知识以对体育的正确理解和能指导体育实践为出发点,建立起围绕体育实践而编织的知识体系网络。而活动性内容则应以在实践过程中对身心健康水平的良性影响为依据。换句话说,就是要考虑它对体育教学达成目标的贡献,以及各个内容之间的优势互补,使之既能产生教学内容所具有的个别优势,又能形成多种内容结合而成的结构优势。这种优势现象的出现是以实践性为前提的。

(五)体育教学内容体系的设计与构建

在体育教学内容体系的整体设计与构建时,应依据新的体育与健康课程标准提出的5个领域(运动参与、运动技能、身体健康、心理健康和社会适应)、3个层次的目标体系要求(课程目标、领域目标、水平目标),按照学习阶段和教学要求,以健康和体能为主线,包含体育知识、技能与社会人文教育,构建和设计教学内容体系。

在每个学段上依据学生的年龄特征和培养的主攻方向,在教学内容选择和安排上有所侧重。在每个年龄段上提出重点学习内容,通过多年的系统体育教学,即通过初小、高小、初中、高中及大学体育课实现学校体育和体育课的整体课程目标。在构建和设计体育教学内容体系时,应注意各阶段教学内容的衔接性和递进性。各阶段的教学内容既有其各自的特殊性与阶段性,但相互间又有较大的互补性和逻辑性,应严格避免传统教学内容体系中严重的重复和无序现象。

二、体育教学环境

体育教学环境是体育教学活动的基本因素之一,任何体育教学活动都是在一定的体育教学环境中进行的。体育教学环境不仅影响着体育教学过程的组织与安排,而且在某种程度上还决定了学生未来发展的方向。体育教学环境历来是我国体育教学中比较忽视的一个问题,在喧嚣的马路上跑步,或在尘土飞扬的操场上踢球是我们经常可以看到的场景。这固然与学校的经济条件有关,但却深刻反映了人们在观念上与"以人为本"教育理念的背离。今天,当我们站在新时代的巨轮上全方位审视我国体育教学改革的时候,不得不把目光投向体育教学环境这片似乎被人遗忘的领域。

(一)体育教学环境的概念

要弄清楚体育教学环境的概念,首先必须明确环境、学校教育环境、教学环境等几个相关的概念。从哲学的角度而言,人类的环境,包括了两个层次,即外部环境和内部环境,外部环境即自然界,内部环境则是我们人类自己创造的文化世界。我们可以把环境理解为人生活于其中,并能影响人的一切内、外条件的综合。

学校教育环境是一个特殊的环境,它是学校中各类人员进行以教与学为主的各种活动所依赖的物质条件和社会条件的总和。学校教育环境本质上是一种人工环境,或者叫人文的环境,因为学校教育环境的一切无不被赋予了一定的教育意义,体现了人们的教育观念和审美意识。学校教育环境又包含了许多层次和方面,而教学环境就是学校教育环境的重要组成部分。

教学环境是按照发展人的身心需要而组织起来的育人环境,我们可以把它看成是学校的一切教学活动所必需的各种条件的综合。教学环境又有广义与狭义之分,广义上而言,影响教学的所有社会环境如社会制度、科学技术、家庭与社区条件等都属于教学环境;狭义上而言,教学环境主要指学校教学活动所需要的物质、制度与心理环境如校园、校舍、各种教学设施、各种规章制度、校风、班风、课堂教学气氛及师生人际关系等。一般我们所说的教学环境主要是指狭义的教学环境。

体育教学环境是指开展体育教学活动所需要的所有条件的综合。很显然,体育教学环境是教学环境的组成部分,是一种相对微观的教学环境,故它不可能游离于教学环境之外而孤立地存在。

(二)体育教学环境的构成要素

1. 体育教学的物质环境

(1)体育教学的场所

包括体育馆和各种体育场地如田径场、篮球场、排球场等以及这些场地的周围环境如阳光、空气、树木、草坪等。体育场馆的布置与建设除要考虑学校整体的布局外,其位置、方向、采光、通风、颜色、声音、温度以及建筑材料等都必须要符合运动和学生身心的特点以及安全、卫生与审美的要求。如田径场跑道的方向一般要与子午线相一致;再如体育馆的墙面和有些体育场地的地面颜色一般采用比较温暖的颜色,诸如柔和的黄色、珊瑚色和桃红色等,因为暖色调可使人在视觉上和情感上的兴趣趋向外界,可提高中枢神经的兴奋性,因而也特别适合幼儿园和小学的体育场地。体育教学场所同时又是整个学校校园环境的重要组成部分,蕴藏着极为丰富的文化内涵,因此应该成为学校最亮丽的风景和最吸引学生的地方。

(2)体育教学设备

体育教学设备主要有两大类:一类是常规性设备,如课桌椅、实验仪器、图书资料、电化教学设备等;另一类是体育器材设备,如体操垫、单(双)杠、篮球、足球、排球、健身器材、标枪、铁饼、铅球等。这些设备是开展体育教学活动的必备条件,对完成体育教学的任务起着重要的作用。

2. 体育教学的心理环境

(1)学校体育传统与风气

学校体育传统与风气是指一个学校在体育方面养成并流行的带有普遍性、重复出现和相对稳定的一种集体行为风尚,它是校风的有机组成部分。良好的学校体育传统与风气对学生会产生潜移默化的影响,对学生形成良好的体育态度、培养学生体育兴趣爱好、养成良好的体育锻炼习惯以及提高学生的体育文化素养等方面都有着非常重要的作用。

(2)体育课堂教学气氛

体育课堂教学气氛是指班集体在体育课堂教学过程中所形成的一种情绪、情感状态,它包括师生的心境、态度、情绪波动、师生间的相互关系等。积极的课堂教学气氛有利于体育教师和学生之间的信任和情感交流,最大限度地引发和调动学生学习的积极性和自觉性,并且有利于帮助学生树立克服困难的勇气和信心。

(3)体育教学中的人际关系

人际关系是指人们在社会交往中所形成的人与人之间的心理关系。体育教学中的人际关系主要包括两个方面,一是体育教师与学生之间的关系,二是学生与学生之间的关系。这些关系又构成了体育教学中的人际互动过程,直接影响着体育课堂教学的气氛、体育教学反馈以及学生的课堂参与限度和积极性,进而影响体育教学的效果。

(三)体育教学环境的特征

1. 体育教学环境的教育性

教育功能是体育的重要功能之一。在当今社会,这项功能已经获得人们的认知和重视,并通过体育的手段和方法进行各种教育活动(如健全性格、锻炼意志品质、心理辅导等)。体育教学环境是学生身心活动的环境,这个环境的内容、氛围、互动形式、设计理念、构成因素等都具有教育意义,这种教育性的体现是体育教学环境特有的。

2. 体育教学环境的群体性

教师和学生是体育教学的参与者(教师是主导者,学生是主体),这构成了体育教学的人文环境。来自不同地方、不同专业的参与者,在这个环境中通过体育教学活动进行交流(包括肢体、心理、思想的交流),由陌生到熟悉,并建立新的人际关系(同学关系、师生关系);教学环境中的个体在体育活动中不断地与老师、同学进行交流,体现出个体与群体的教育性,并受群体的规范,群体中个体的数量在政策上也有限定。

3. 体育教学环境的可控性

体育教学环境虽然包括自然环境,但它本身不是自发形成的。它是根据教育教学目标和教学计划构思设计的,具有可控性。主导者以教育教学目标为指导,不断地通过各种方法手段控制整个教学环境的诸因素,实现教学目标和满足主体的需求。在这个教学环境中,氛围、情绪、主体的活动都是可控的。

4. 体育教学环境的潜在性

由于体育教学环境是作为主体知觉的背景而存在的,刺激限度较弱,具有一定的暗示性,因而常常使学生在不知不觉中产生各种潜移默化的影响。体育教学环境对学生而言犹如空气和水一样"润物细无声",它无时无刻不在影响学生的学习活动。在同学们的欢声笑语中,在每一次成功的喜悦中,在每一次失败的反思中,没有任何强迫的接受。

5. 体育教学环境的和谐性

体育教学环境中的场所、设施要与学校其他建筑、设施协调一致,体育设施、场所与其他建筑设施在风格、布局、功能等方面要和谐,形成一个有机整体;体育教学场所、设施之间要协调一致,场地与场地之间、器械与器械之间的布局要有层次性,避免互相干扰,颜色搭配要符合学生的心理特征;体育教学的场所设施要与校园的自然环境协调一致,营造出自然和谐,景色宜人,奋发向上的体育教学环境。在这样的环境中教学,学生的各种潜能才能被充分挖掘出来,学生才能健康地发展,主体意识才能体现出来。

学校毕竟是社会的一个组成部分,体育教学环境随时都受到各种外界环境的影响,同时它又对外界社会产生着不可忽视的作用。从这个意义上说,体育教学环境是特殊的开放系统,它同样辐射着大众体育与竞技体育,并受其影响。

(四)体育教学环境的功能

1. 陶冶功能

实践证明,优雅文明、美观和谐、活泼向上的体育教学环境,对陶冶学生的情操、净化他们的心灵、培养他们的审美情趣以及养成他们高尚的道德品质和行为习惯有着重要的意义。通过各种有形的、无形的或物质的、精神的体育教学环境因素的综合作用,能够在耳濡目染、潜移默化中熏陶、感化学生,从而产生一种春风化雨、润物无声的教育效果。体育教学环境的这种陶冶功能如果运用恰当,对实现体育教学的目标乃至学校体育的目标都具有重要意义。

2. 激励功能

良好的体育教学环境,一方面可以有效地激励教师教学的工作热情和动机,另一方面可以提高学生学习的积极性和自觉性,从而推动体育教学工作的顺利进行。体育教学可以为学生创造一幅诗一般的画面和意境:翠绿的草坪、湛蓝的天空、清新的空气、整洁的场地、个性化的器材与充满活力的运动场面。在这里,人与自然、人与环境、人与运动已经浑然一体。置身于这样的环境中,去奔跑、去跳跃、去拼抢,对学生而言,是他们人生中最惬意的享受。在这里,儿童热爱运动的自然本性展现得淋漓尽致,而体育意识则宛如春天的藤萝,在学生的心灵中一天天萌发、滋长。

3. 健康功能

体育教学环境是师生长期生活、学习、工作的环境,环境的优劣直接关系到教师和学生的身心健康。一个卫生条件良好,没有污染和噪音,教学设施充足、安全的体育教学环境,可以有效地促进师生特别是学生的身心健康。另外,体育教学中宽松和谐的课堂气氛和良好互助的人际关系,还对学生心理健康有积极的促进作用。

(五)良好的体育教学环境的表现形式

1. 能够勇于突破传统授课模式

每个教师都会在自己从小学到体育院校毕业参加工作,以及多年的教学实践过程中,不自觉地形成一种符合自己固有风格的教学模式。这些虽然在一定限度上使教学顺畅进行，但是却能束缚体育教师的思维方式，使自己陷入条条框框之中，严重制约着体育教学的改革和发展。要提高体育教学质量，实现教学目标，我们只有突破传统思维方式，勇于进行体育教学改革，改进组织形式，改革教学方法，以适应现代教育的发展需要，才能创造适合主体身心发展的教学环境。

2. 能够激发全体学生的兴趣和参与热情

体育教学改革的第一目标是"使体育教学面向全体学生"。教师要带着饱满而稳定的激情上课，用教态、内容、语言、媒体、灵活的方法手段等方式激发学生的兴趣，并使其积极参与到教学活动中，使学生身心放松，体验成功与失败，学会积极思考，提高分析问题和解决问题的能力；培养每个学生的参与意识，并把这种参与意识调动起来。鼓励学生积极参与到体育活动中，帮助学生确立不同阶段的学习目标，使学生能够通过自己的努力体验到成功的乐趣。

3. 能够充分发挥主体的自主性、创造性

(1) 充分发挥主体的自主性

体育教学的突出特点是实践性强，注重师生互动和反馈，学生对运动知识的掌握和技能的形成与提高，都是通过自身主动、自觉的活动完成的。在教学过程中教师应指导学生在如何学练上下功夫，激发学生的兴趣、启迪学生的思维、开阔学生的视野、丰富学生的体育文化知识，使学生掌握获取知识的途径和方法，从而提高学生的参与意识。

(2) 充分发挥学生的创造性

创造性是对原有认识、操作成果有所改进或有所突破、超越。体育课的教学内容丰富、手段多样，教师要突破传统的教学模式，充分发挥学生的创造性。例如，在体育舞蹈的教学中，学生不仅要会跳舞，还要学会创编舞蹈的原则，能够创编舞蹈。在教学中为学生提供器材，鼓励学生发挥想象，编排游戏，这样既充分发挥了学生的创造力，又培养了学生的自信心，增加了学生的学习兴趣。

4. 能够充分体现体育教学的全面性

体育教学不仅仅是要提高学生的身体素质，还要教会学生做人，培养学生良好的道德品质，健全学生的性格。如在耐久跑中锻炼学生身体抗疲劳的能力，培养学生坚韧不拔的顽强精神；在游泳、滑冰、跳跃等项目教学中，培养学生不断克服胆怯心理，以勇敢、无畏的精神去战胜困难、越过障碍；在足球、篮球、排球等团队运动项目教学中，要增强学生的自身活力，培养与人合作的精神；在羽毛球、乒乓球、网球等教学中，培养学生冷静的头脑、敏捷的思维、准确的判断、当机立断的性格。通过组织竞赛，培养学生在逆境中的承受能力。在体育教学活动中，要在学生自我意识发展的基础上，培养他们的自我控制能力，使他们逐步形成各种良好的心理品质。

(六) 体育教学环境的调控

体育教学环境是由多种要素构成的整体系统，它与体育教学活动息息相关。体育教学环境的优劣直接影响着体育教学的进程,为了最大限度地发挥体育教学环境的正向功能,降低负向功能,实现体育教学环境的最优化,必须对体育教学环境进行调控。对体育教学环境的调控是多方面的,突出的要注意以下几点。

1. 重视体育教学环境的地域优势

一般说来,不同地区、不同学校在环境条件上是有差异的,任何学校在环境方面又都有自己的特点和优势,充分挖掘和利用自身已有的环境优势,最大限度地减少、避免和弥补已有环境的不足,就有可能推动体育教学环境的整体改观。每个学校只要充分挖掘,都可以发现自己所处环境条件的潜力和优势。

2. 重视体育教学环境的整体布局

构成体育教学环境的因素颇为复杂,既有物质的,又有心理的,既有有形的,又有无形的。只有当这些环境因素协调一致时,体育教学环境的积极作用才能得以发挥。因此调控体育教学环境,首先要考虑整体的筹划布局,把体育场、馆的建筑,周边环境的绿化,场内场外的布置,图书资料的购置,各类器材的设置,良好人际关系的建立,积极向上的班风学风的形成,作为一个整体来加以全面考虑和控制。注意体育教学环境的硬件建设和美化要符合学生身心发展的特点和教学基本规律,要遵循教育学、心理学、生理学、卫生学以及美学的基本原理,通过科学的调控,使体育教学环境真正成为塑造健康体魄、健全人格的统一体。

3. 重视体育教学环境中强势因素的作用

环境心理学研究表明,环境可以影响人的行为,环境的不同特性能对人产生不同的影响。将这一原理运用于体育教学环境的调控过程中,适当突出体育教学环境的某些特征,可以增强特殊场景下的环境影响力,使师生的行为发生积极的变化。例如:在体育馆、图书资料室、球类训练室的主要出入口,设置一面醒目的镜子,有助于整理师生的仪容,约束师生的言行。在体育场馆醒目处、通道口陈设体育格言箴语,将有利于学生开阔视野,激发他们学习体育、参与体育的热情。体育教学环境建设中充分发挥强势因素的作用是调控中的重要方面,但应当根据具体情境灵活运用,不能生搬硬套,这样,对体育教学环境的调控才能获得理想效果。

4. 重视体育教学环境调控中师生的主体作用

体育教学环境调控中教师的作用很重要,作为教育者要注意体育教学环境的调控,但是仅仅做这些还不够,还应当重视学生在调控体育教学环境方面的作用。和教师一样,学生也是体育教学环境的主人,创造良好的体育教学环境的一切工作,几乎都离不开学生的参与、支持和配合。良好的校风、班风建设,体育教学设施的维护,教学秩序和纪律的执行等,都与学生紧密联系在一起。因此,教师应当重视学生参与体育教学环境建设的主动性,培养他们对体育教学环境的责任感。只有这样,业已形成的良好的体育教学环境才能得到持久的维护,业已创造的良好体育教学环境在学生自觉不懈的努力中才会变得更加和谐、优美。

在学校体育改革向纵深发展,素质教育成为人们共识的今天,体育教学环境应当引起体育教育界以及学校行政部门的重视,这不仅是因为体育教学是在一个开放的环境中进行,比其他任何一门课程的教学受环境的影响更直接、更显现,而且还因为体育教学环境建设作为学校教学的窗口,更容易展现学校教育的特色。重视体育教学环境建设,重视体育教学环境的可持续发展,是新世纪新时代学校体育改革的一个重要切入点。

第四节 体育教学的现状及发展

一、高校体育教学的现状分析

近年来,我国体育教学改革正在如火如荼地进行,其理念在于打破传统的以竞技体育为主的教育思想和破除传统教学安排的竞技体育体系,力求将人本主义精神,贯彻到体育教学改革的目标中。在这种理念的指导下以及众多有益的改革尝试下,体育教学改革取得了一定的成绩,不过这个成绩与21世纪对人才所提出的"知识、能力、素质全面发展"目标要求相比仍旧有较大差距,改革中遇到的许多问题限制了教学改革的步伐和进展。由此可见,我国高校体育教学改革正走在正确的道路上,不过这条道路要走完还需要很漫长的时间,过程中也一定会经历许多困难。

对高校体育教学的改革需要依现状而定,对于我国高校体育教学的现状主要可以归纳为以下三个方面。

(一)体育教学目标缺乏准确性

在目前各大高校开展的体育教学活动中,仍旧是以让学生掌握某项体育运动技术为主的教学目标,如掌握乒乓球、羽毛球或足球技术。其年终考核也是以这些技术的量化指标为标准,显得非常生硬和单调。这种教学模式过于重视让学生强行接受教学内容,而不是花心思在新型教学的创造上,如此就使教学的要求和标准大大降低,并且使体育教学的目标与真正的目标有所偏离,缺乏准确性。

(二)教学质量出现下降趋势

前面提到了体育教学目标缺乏准确性的现状,使得接受此类体育教学的学生在体育学习中积极性不高,学习个性不够突出,仅仅是像生产产品一样接受一致的教学,不能充分体现现代体育的个性教学。新型教育理念要求在教学中体现出以人为本与主动性的双重原则,但在实际的体育教学当中,为追求高效率,尽管体育教师一方面强调要在秉承以人为本的原则下开展教学工作,但另一方面在教学实践中只是将这些理念停留在文字表述上,显得空洞、乏味。学生在接受教学的过程中始终感受不到新意,久而久之也就失去了对体育教学的期待和兴趣,长此以往,必然会导致体育教学工作质量的下降,不利于学校体育教学任务的达成。

(三)教师专业水平相对较低

体育教学所涉及的内容很多,其教学环境也与其他学科教学有很大区别,体育教学绝不是由老师带领学生玩闹嬉戏这么简单。体育教学是一门专业性非常强的学科,为了达到预期的体育教学目标,就需要有经验丰富的体育教师参与教学。现代体育教学的内容中充满了较为新颖、现代的体育运动,体育教师能否率先掌握这些新兴运动项目的技术就成为保证教学质量的关键。

不过从现阶段的实际来看,体育教师的学习速度显然还没有完全跟上新兴运动进校园的速度。现代体育教师的培养环境多为在传统体育教学模式下的培养环境,一些条件较好的高校会聘请一些退役运动员担任体育教师。不过,这两类体育教师大多是技术型和训练型的,他们对自己已掌握的运动技能有着充分的信心,但同时由于他们自小接受单一的体育运动训练,文化水平普遍较低,与其他学科教师相比,存在明显的科研能力较弱的不足。另外,受传统培养方式的影响,体育教师的工作随意性较大,这就使得他们对自己专业以外的体育课程和项目重视不够。

多种不利因素相加,就使得从总体上来看,我国高校体育教师的专业水平较低。他们掌握的知识相对陈旧,教学方法与手段也缺乏创新,造成体育教师整体上专业水平的下降,从而严重影响了高校体育教学工作的发展。

（四）硬件设施普遍匮乏

我国是一个体育资源较为匮乏的国家。尽管高校作为我国重要的人才培养基地可以优先获得优质的体育资源,但从总体上看,许多高校所拥有的体育资源仍显现出不足、陈旧等现象。教育改革从总体上增加了高校生源,而高校学生的人均体育资源则保持不变且逐年下滑,如此一来就加大了学生数与体育资源数的反比关系。可以说,高校场地设施严重缺乏是当下影响体育教学发展的因素之一。

（五）传统教学思想仍起主导作用

我国是教育大国,我国的传统文化非常重视教书育人的作用。由此,传统的教育理念也一并留存到了今天。然而,现代教育早已不同于传统教育,这是社会发展到一定阶段所必然产生的。如果此时仍旧延续传统教学思想,必将影响我国教学的现代化及在未来的发展。

就我国高校体育的教学思想来说,它一直秉承着体育健身的理念。实际上这种理念本没有错,然而当现代教学理念着重素质教育后,对于仅在乎身体健康的体育教学来说显然就表现出了其片面性。它在涉及德、智、体三方面关系的教学实践中过于重视对"体"的练习,忽视了对学生"德"与"智"的培养,而这两方面的素质教育在当下也是成为社会所需人才不可或缺的方面。由此可见,若高校体育教学的实际工作还停留在以竞技项目为主要内容的传统体系的话,将会给未来我国体育教学的发展带来极大阻碍。

二、高校体育教学的发展趋势

科技的发展带动了人类社会的发展。在当今社会中,几乎所有事物的发展都离不开相应技术的进步。对于高校体育教学的发展来说也是如此,科技的发展带来了更多更为丰富的体育教学方法与手段。当然,体育教学的发展也不能全部依托于科技水平的发展,教学理念的进步是发展的软件,它与科技所带来的帮助同等重要。

从高校体育教学的发展过程中可以看出,教育理念是所有教育行为的基础,这就需要高校体育教学部门重视体育教育理念的转变,具有与时俱进转变体育教育理念的意识。具体到体育教师来说,不仅需要他们具有良好的体育教学超前意识,而且要有新的人才观、质量观来满足未来学生发展的需求,还要引导学生树立"终身体育"和"全民健身"的体育教育观念和意识。为了适应新时代的发展要求,人们要改变传统的选择教育观为发展教育观,通过体育教学,增强高校学生的身体素质、心理素质以及社会适应能力等,促使其身心的全面发展,培养出适应21世纪高科技快速发展的高素质人才。

在新形势下,我国高校体育教学的发展趋势主要体现在以下五个方面。

(一)更加重视发展高校学生的健康素质

体育教学及锻炼对增进和保护高校学生的身体健康具有积极、能动的作用。因此学校体育教学也应建立在多维健康观的基础上,全面贯彻"健康第一"的指导思想,深化学校体育改革。

1.提高学生的体质健康水平

高校体育的本质决定了体育教学必须为提高学生的体质健康水平服务。而促进学生体质健康水平的提高是学校贯彻"健康第一"指导思想的最为直接的体现,也是促进学生整体水平提高的基础。增强学生体质,增进健康,既是学生顺利完成学业的需要,同时也是学生终身健康的需要。

2.提高学生的心理发展水平

心理发展水平包括心理健康水平和心理素质水平。学生的心理发展水平与其生理健康有着非常密切的联系。也就是说,一个患有严重的心理疾病的人就不可能拥有健康的身体。对于学生而言,心理疾病所产生的影响要比生理疾病更为深远和严重。在我国的社会主义市场经济条件下,社会竞争变得越来越激烈,这就要求人们必须具备较好的心理发展水平。因此,促进高校学生心理的健康发展,提高其心理发展水平有着非常重要且深远的意义。

3.提高学生的社会适应能力

一个人能否处于良好的状态,关键取决于他的社会适应能力的强弱。从社会文化的视角来看,体育的实质是模拟社会生产和生活。基于此,一些人常常将体育课堂称为"社会课堂",将体育精神当作是现代社会精神的缩影。所以,提高对学校体育的重视程度对我国高校学生社会适应能力的发展和提高有着非常重要的意义。

(二)更加关注向高校学生灌输"终身体育"的意识

在深化学校体育改革的实践中,广大学校体育工作者深刻地认识到,传统的学校体育比较关注增强学生体质的近期效益,而对培养学生的体育意识、兴趣、习惯和能力重视不够,要使学生终生享有健康,就必须让体育伴随其终生。

因此,学校体育既要重视近期效益,又要重视长远效益。加强对学生终身体育的教育,培养学生的终身体育意识,使其养成经常锻炼的习惯,掌握科学健身的知识与方法,具有独立进行科学锻炼的能力。

(三)更加强调体育教学的选择性与层次性

1. 体育课程管理体制的改革为学校体育的选择性创造了条件

传统的体育课程与体育教学,基本上是实行统一管理的办法。由国家统一制定和颁发《体育教学大纲》,规定统一的教学目标、统一的教材内容、教材比重与课时分配、统一的考核项目、统一的评分标准。各地各校对体育教学的选择性只局限在"选修教材"中,且对"选修教材"的实施也有诸多规定。

由于我国幅员辽阔,经济与教育发展不平衡,因此,我国试行了国家、地方和学校三级课程管理体制。在课程管理方面,国家只制定课程标准,提出课程目标,对课程内容不作硬性规定,采取开放与放开的做法,对课程进行宏观管理。具体课程标准的贯彻实施、达成方法、内容设置等,完全由各地、各校根据实际需要和自身条件和特点自行选择。

2. 层次性将成为体育教学中贯彻区别对待的重要方法

由于我国教育基本上都是采用大班教学,一个教学班少则四五十人,多则六七十人,要完全实施个性化教学目前尚有一定的困难。因此,根据个性化教学的基本思想,进行分层次教学成为体育教学实践中实施因材施教、区别对待的重要形式。

分层次教学是指根据学生的身体条件与运动技能,把一个教学班的学生分成若干个层次,按层次确定学习目标和评价方法,采用不同的教学策略,以保证绝大多数学生都能完成课程学习目标。

3. 高校体育将呈现出地域特点与学校特色

由于体育课程的选择性加大,各地高校只要遵循《课程标准》规定的"选择教学内容的基本要求",就完全可以根据自己所具有的课程资源、地理条件、气候特点、体育传统等,自主选择体育课程内容与课外体育活动及课余训练内容,因此,学校体育呈现出鲜明的地域特色与学校特色。

(四)更加注重体育教学的课内外与校内外一体化

高校体育教学逐渐走向课内外与校内外一体化,主要基于以下三个方面。

1. 大课程观的确立

课程是为实现课程目标在教师组织指导下一切课内外活动的总和。大课程观的确立为学校体育走向课内外与校内外一体化奠定了理论基础。

新一轮的体育课程改革是"从大课程观出发,将体育的课堂教学与课外、校外的体育活动包括运动训练纳入课程之中,形成课内外、校内外有机结合的课程结构"。因此,各类学校及体育教师实施新的体育课程,必须认真搞好课堂教学、认真组织好课外与校外的多种多样的体育活动,以满足高校体育教学的需要。

2. 增进学生健康的需要

研究表明,当"国民经济发展到一定水平,人的体质健康某些指标呈下降趋势"。而"与体质健康相关的某些人体生理指标的提高,必须要有一定锻炼时间、量和强度的积累",如果每周体育活动的总量仅限于几节体育课,那么,体育教学提高学生生理机能的作用将十分微小。《中共中央国务院关于深化教育改革全面推进素质教育的决定》指出:"学校要树立健康第一的指导思想,切实加强体育工作""确保学生体育课和课外体育活动的时间"。要贯彻落实学校教育与体育课程的"健康第一"的指导思想,有效地增进学生的健康,增强学生体质,学校体育就必须走课内外、校内外一体化的整体改革和发展道路。

3. 课程资源的开发和利用

为了适应"课内外、校内外有机结合的课程结构"的需要,必须充分开发和利用体育课程资源。

就人力资源而言,除体育教师外,班主任、辅导员、有体育特长的其他学科教师、校医、共青团与学生会的干部以及体育特长生等,都将被动员起来,充分发挥他们在学校体育中的作用。

就课程时间和空间而言,首先,除课程计划规定的教学时间外,早晨、课间、课外、双休日、节假日的时间,也将得到合理的利用;其次,体育课程将拓展到家庭、社区、少年宫、业余体校、体育俱乐部,以及江河、湖海、田野、山林、草原等一切可以用来体育锻炼的地方,为学校体育冲破课堂与校园的束缚,实现课内外、校内外一体化提供可能性。

(五)朝着更加多样化的方向发展

高校体育教育的多样性体现在以下三个方面。

1. 学生个体体育需要的多样性

在高校体育教学中,大学生有着各种各样、各不相同的需求,并且同一学生的需求也是多种多样的,如娱乐需求、健身与健美需求、调节身心的需求、发展体育特长的需求等。因此,高校体育教学要对学生的个体体育多样性需求给予相应的满足。

2. 学校体育内容形式的多样性

为了满足学生不同的、同一学生不同的体育需求,学校体育教育的内容必将朝着多样化的方向发展。具体如下。

(1)开设个体健身类的体育项目,如健美运动、健身操、越野跑、长走、山地自行车等。此类项目可个人进行锻炼,受制因素少,校内校外均可进行,简便有效。

(2)开设反映时代特征的现代体育项目,如足球、篮球、跆拳道、攀岩、体育舞蹈等。此类项目极富挑战性,能够发展学生的个性,满足学生实现自身价值和加强社会交往的需求。

(3)开设休闲体育项目,如网球、台球、保龄球、乒乓球、羽毛球、游泳、冰雪运动、轮滑、滑板等。此类项目娱乐性强,技术含量高,能满足学生愉悦身心的需求。

(4)开设民间体育项目,如武术、跳绳、跳方格、跳皮筋、跳竹竿、踢毽子、荡秋千、爬竹竿等。这类项目扩大了学校体育资源与体育课程资源,可以满足学生健身、娱乐等多种需求。

3. 学校体育组织形式的多样性

目前,学校体育组织形式主要朝着以下三种类型发展。

(1)体育俱乐部。体育俱乐部将成为高校体育重要的组织形式。各个高校根据自身的条件,通过组织各种各样的体育俱乐部,以此来更好地满足大学生提高运动技能水平、发展体育特长以及健身、娱乐、健美的需要。

(2)体育社团。高校中的体育社团通常是由大学生自己来进行组织和管理的,学生们只有参加选择权。一般是由校(院)团委、学生会来组织发起,并由学校体育教研室(部、组)来给予相应的指导和支持,大都是以单项体育协会的形式出现。根据协会的章程,学生们通过交纳一定的费用,自愿报名参加,协会中的管理人员也是通过民主选举产生的。另外,一些全国性的综合体育团体,如全国大学生体育协会,主要任务是负责组织相同级别的学生体育竞赛。这些体育团体有效地提高了学生参与体育活动的积极性。

(3)非正式学生体育群体。非正式学生体育群体多以共同的体育爱好为基础自发建立起来的,以直接的、面对面的、相对固定的角色互动来进行活动,成员之间年龄相近,彼此之间并不存在正式的控制手段。如引导和运用得法,这些非正式学生体育群体将为学校体育注入新的活力。

第二章　大学体育概论

第一节　大学体育的目的与任务

一、大学体育的定位

现代体育包括学校体育、竞技体育和群众体育三个基本方面。学校体育是全面发展学生的身体，增强体质，传授体育知识、技能，提高运动技术水平，培养道德和意志品质的有目的、有计划、有组织的教育过程。由于学校教育对象的差异，我们将学校和学生相应分成小学、中学、大学三个学段和小学生、中学生、大学生三个基本级别。因此，我们这里所说的大学体育，隶属于我国学校体育的范畴，主要是指非体育专业大学生在大学期间所接受的学校体育教育，按照"健康第一"和终身体育思想的要求，其涵义是指传授体育文化，增强学生体质，提高学生身心健康水平和适应能力的有目的、有计划、有组织的教育过程。

二、大学生的生理、心理特点

大学生的年龄大体在17～22岁，这是一个人生长发育走向成熟的关键时期。大学生的身体形态、生理机能、身体素质和心理素质都遵循着一定的规律不断发展变化，并具有明显的年龄阶段性特点。

（一）生理特点

1. 运动系统

运动系统由骨骼、关节、肌肉三部分组成。随着年龄的增长，坚固性增强，韧性降低，骨骼软骨逐渐骨化，到大学高年级时，骨化基本完成，身高不再增加。在这一时期，由于骨骼柔软且可塑性较大，应注意保持正确的身体姿势和身体的全面发展，避免一侧肢体或局部用力过多，造成肢体特别是脊柱出现病理性弯曲。同时，注意适宜的运动负荷，防止负荷过大造成的骨化提前，影响身高继续增长。

这一时期的关节软骨较厚，关节囊韧带伸展性大，关节周围的肌肉细长，所以关节活动范围大，但牢固性较差，在外力的作用下易脱位。因此要提高柔韧素质，重视发展关节的坚固性，以防关节脱位。

随着年龄的增长，肌肉中水分明显减少，有机物增多，肌纤维增粗，横向发展较快，肌肉重量不断增加,肌力增强。因此可以进行较多的力量练习,以促进肌肉继续生长。

2. 心血管和呼吸系统

大学生心脏的结构和机能正逐步完善。心脏的重量已达到成人水平。心率减慢,心脏收缩压增加,每搏输出量增多。肺的机能也逐步提高,肺活量也接近成人水平。但是最大摄氧量和负氧债能力较成人低,女生又比男生低。此时期的体育锻炼可适当增多静力性练习和耐力练习,以有效提高心肺的功能。

3. 神经系统

神经系统发育得最早最快,其功能在少年期已日趋完善,但大脑皮质中兴奋和抑制两个过程不够均衡,兴奋过程占优势而抑制过程相对较弱。到大学阶段第二信号系统得到发展,抽象思维能力不断提高。根据上述特点,大学生在运动实践中应注意多样化,避免单调的训练内容,多安排些竞争性的游戏和小型比赛,以提高兴趣。在活动安排上应适当提高密度,相应缩短时间,可增加些技术分析,以培养其思维能力。

4. 身体素质

在生长发育过程中,身体素质的发展存在着自然增长的现象。到大学阶段,男生的腰腹力量增长领先,其次是下肢爆发力,增长稍缓慢的是臂肌静力性力量;女生的耐力增长领先,其次是腰腹肌,最慢的是臂肌力。因此,发展大学生身体素质和运动能力十分重要。

(二)心理特点

1. 智力水平迅速提高

大学生的智力发展日趋成熟,其观察力、记忆力、想象力和思维能力迅速接近并达到成人水平。感知能力更富有目的性、系统性、深刻性和全面性;记忆力的发展开始进入鼎盛时期,意义记忆快速发展并居主要地位;想象的目的性、有意性发展突出,能够围绕现实问题进行思考;思维方式显著变化,辩证逻辑思维占优势,能运用科学要领对某些事物和现象进行抽象性和理论性思维;思维的独立性和批判性明显增强,喜欢独立地提出问题和寻找解决问题的办法,对事物的认识开始有自己的独立见解,开始用怀疑和批判的眼光看待周围的事物,喜欢争议、辩驳和提出一些新奇的想法。

虽然这一时期大学生的智力水平提高较快,但由于个人阅历比较浅,知识经验不足,辨别能力尚不够强,思维的独立性和批判性不够完善,因而,容易产生一定的片面性和表面性,缺乏深思熟虑,过分自信,固执己见,易走极端。

2. 情感丰富而强烈

大学生的生活和学习活动范围日益扩大,处在体力和精力旺盛的时期,因此,他们的情感丰富多彩,又带有强烈而瞬息万变的色彩。情感的体验以肯定、乐观与振奋为主要特征。他们的爱国主义、集体主义、责任感、义务感、友谊感、荣誉感等情感均有较高的发展。对美的体验表现得更为复杂而深刻,爱憎分明。情绪的两极化比较突出,极易出现高度的兴奋、激动、热情，或是极端的愤怒、泄气、绝望。既有活泼、愉快、奋发向上等积极倾向，又有低沉、悲观、颓废等消极倾向。

由于和社会生活的接触日益增多，各种社会行为规范使大学生逐渐具有了调节和节制自己情绪的能力，因而他们的情感又往往表现出内隐性和闭锁性，他们或将自己的真实情感隐蔽起来，表露出一种与内心体验并非一致的情绪状态；或有选择地暴露给不同的对象，这对了解他们的真实思想带来了一定的困难。

3 自我意识不断增强

自我意识是指人对于自身的认识。大学生的自我意识有以下特点：其一，自我认识和评价水平大为提高。表现在自我认识的自觉性和主动性较强，能根据周围的人对自己的各种态度来评价认识自己，也能将自己与别人进行对比来评价自己，自我评价的客观性有所提高；其二，自我控制的愿望非常强烈，水平明显提高，有了明显的自觉性和主动性，并逐渐以社会标准、社会期望、社会条件为转移；其三，自尊心十分突出。表现为对真诚的赞扬和尊重，批评常使自己感到内疚和羞愧，嘲笑更是使他们难以忍受；其四，独立意向十分强烈。要求自主和独立，要求摆脱对成人的依赖，当这种意向因某些原因受阻时，他们会产生不满、对立情绪或反抗行为；其五，自信心、好胜心增强。在接受新任务时表现出跃跃欲试，不甘人后的倾向。

三、现代社会对人才的基本要求

世界经济的全球化和科学技术的迅猛发展，正日益深刻地改变着当今人类的生产方式和生活方式，以信息资源为特征的知识经济时代已是当今社会的一个重要发展方向，即知识、人才、民族的素质和创新能力等要素已成为经济增长和社会发展的关键因素。但决定人类社会命运的最重要因素是人才的因素。《中国教育改革和发展纲要》中指出："世界范围的经济竞争、综合国力的竞争，实质上是科学技术的竞争和民族素质的竞争。"可以说，谁拥有符合现代社会发展的人才，谁就能在21世纪的国际竞争中处于战略主动地位。大学是一个国家培养人才的基地和摇篮。现代社会对合格人才的基本要求可以归纳为以下几个方面。

（一）要有较高的思想道德素质

现代社会的发展，要求人才应具有较强的社会责任感、合作精神和集体主义精神；要有良好的职业道德和社会公德；要具有较强的民主意识和自主意识；善于继承本民族的优秀文化遗产，善于吸收域外文化中有价值的成分，形成正确的价值观念和高尚的审美情趣；在世界各民族文化日趋融合的今天，更要求人才具有强烈的爱国主义精神和国际主义精神。

（二）要有较好的科学文化素质

面对21世纪知识量剧增、知识更新速度加快、科学技术迅速发展的挑战，现代社会合格的人才不仅要系统地掌握基础知识和具有熟练运用知识的技能，而且要具有选择、加工和综合处理知识信息的能力,善于吸收现代科学技术最新成果;需要具有运用计算机、程序控制等技术的能力;为了适应现代社会较强的职业流动性,必须具有较强的求知欲望和学习能力;需要确立终身学习的观念,善于通过工作实践,汲取新的科学技术知识。

(三)要有较完美的心理素质

现代社会要求人才的思维活动过程要加快,减少重复性,增加科学性和准确性,提高广泛性和深刻性;要求人才的思维方式由封闭型转为开放型,由单项型转变为多项型和系统型,特别强调认识和思维的创造性;要求人才具有科学精神、创新思维;还要具有收集处理信息的能力、获取新知识的能力、分析和解决问题的能力、语言文字表达能力、团结协作和社会活动的能力、较强的应变能力和承受挫折的能力。

(四)要有较强健的身体素质

身体素质是人的其他素质发展的基础。现代社会要求合格人才的身体素质具有很强的对外界的适应能力、对疾病的抵抗力和对灾难的承受力;具有良好的卫生习惯和健康的生活方式;经常性地进行体育锻炼,并且了解相关的人体健康知识;大脑反应要灵敏,身体动作要迅捷;善于放松和调节自己,使身心经常处于和谐安宁的状态。

四、大学体育的目的与任务

(一)大学体育的目的

大学体育的目的,是指在一定的时期内,大学体育实践所要达到的预期结果。它决定着大学体育的方向与过程,是评估大学体育工作的重要依据,对大学体育工作的开展,起着导向、控制和激励的作用。根据目标体系结构理论,大学体育的目的可分为条件目的、过程目的和效果目的三个方面。衡量大学体育目的完成的最终标准,一般均以效果目的为标准。所以,我们这里所说的大学体育目的,主要是指大学体育的效果目的,即大学体育的总目的。

根据现代社会和学校教育事业发展的需求,根据大学生身心发展的年龄特征和体育的功能,我们将我国大学体育的目的确定为:增强大学生的体质,促进大学生身心健康,培养大学生的体育意识、能力和习惯以及良好的思想品质,使其成为德、智、体全面发展的社会主义建设者和接班人。

(二)大学体育的任务

根据我国《学校体育工作条例》中的有关规定,为了实现大学体育的目的,需要完成的基本任务是:

(1)增进大学生的身心健康,增强大学生体质;

(2)使大学生掌握体育基本知识,培养大学生的体育运动能力和习惯;

(3)提高大学生的运动技术水平,为国家培养体育后备人才;

(4)对大学生进行品德教育,增强组织纪律性,培养勇敢、顽强、进取精神。

五、实现大学体育目的任务的途径

《学校体育工作条例》规定,学校体育工作是指体育课教学、课外体育活动、课余体育训练和课余体育竞赛。这四个方面也是实现我国大学体育目的与任务的基本途径。

(一)体育课教学

体育课教学是大学体育中的重要组成部分,是实现我国大学体育目的任务的主要途径之一。《学校体育工作条例》中规定:"普通高等学校的一、二年级必须开设体育课程,对三年级以上的学生开设体育选修课程。"在教育部统一部署下我国普通高校从 2002 年 9 月 1 日起把体育课改为体育与健康课。这些规定都为体育课教学工作的正常开展提供了强有力的法规保证。

通过开设体育与健康理论课、体育实践课和体育保健课,向学生传授体育基础理论知识,提高大学生对体育的认识,帮助大学生树立终身体育的观念,提高大学生的体育文化素养和体育欣赏水平。

(二)课外体育活动

大学生的课外体育活动是大学体育教育过程中不可分割的环节,它为实现大学体育的目的与任务提供了又一重要途径。通过课外体育活动可以培养、巩固与增强大学生的自我锻炼意识和锻炼能力,学生以自身的身体健康状况和运动能力为基点,结合自己所学专业和未来职业选择的特殊需要,以及现有条件,制订科学的自我锻炼计划。通过开展多种形式的课外体育活动,促进身心健康,增强体质,提高学习质量,丰富业余文化生活,提高运动技术水平和体育欣赏水平。常见的课外体育活动形式有以下几种。

1. 晨练

晨练是大学作息制度中为学生安排的清晨体育活动时间,要求每位学生都应该参加。坚持晨练,对保持合理的生活作息制度、锻炼意志品质、养成良好的卫生和锻炼习惯都十分重要。晨练内容可以安排跑步、做广播操、健美操、武术或做发展身体素质的简单练习,也可以根据自己的锻炼计划安排健身锻炼内容。晨练可以集体组织活动,也可以个人练习或集体组织与个人练习交替进行,时间安排以 30 分钟为宜。如果将晨练与其他形式的学习活动相结合,则效果会更好。

2. 课间活动

课间活动,是利用课间休息时间所进行的体育活动。大学生的课间操一般以个人活动为主,最好在室外进行,可以散步、做操、做游戏、踢毽子、跳绳等。运动负荷不宜过大。课间活动的主要目的在于进行积极性的休息,消除疲劳,调节身心,提高学习效率。

3. 课后体育活动

课后体育活动,是指大学生结束一天课程学习之后在晚饭以前所进行的体育活动。《大学生体育合格标准》要求在校大学生课后体育活动要保证每周不少于两次。课后体育活动的种类十分广泛,包括健身娱乐性体育活动、竞技性体育活动、医疗性体育活动、职业实践性体育活动、卫生保健性体育活动以及一般性身体锻炼活动。鼓励大学生参加各种体育组织和体育俱乐部的活动,或按照个人兴趣及需要实施相关的锻炼计划。

4. 课余运动队训练

大学课余运动训练队是利用课余时间,对部分身体素质较好并有某项运动专长的学生进行系统训练的一种专门教育过程。它是大学课外体育活动的重要组成部分。它一方面肩负着提高运动技术水平、创造优异运动成绩、参与校际或国际交往、为校为国争光的光荣使命;另一方面又承担着指导普及、促进大学体育运动蓬勃开展的艰巨任务。运动队的建立是根据学校传统运动项目的特点和体育教师的指导力量,以及学校的场地设施、运动器材等客观条件决定的。通过参加运动队的系统训练,可以较有效地提高大学生的运动技术水平,培养勇敢、顽强、拼搏进取的精神品质。

5. 群众性体育竞赛

群众性体育竞赛,包括校内、校外两种。校运动队队员可代表学校参加校外组织的各种比赛。校内也可组织各种群众性的以促进体育活动开展为目的的各类比赛,是大学课外体育的又一种形式。它以广泛性和形式多样化为特点。校内体育竞赛常见的有班级之间、年级之间、院系之间的单项比赛、对抗赛、友谊赛等,以及每年举行的全校学生均可报名参加的田径运动会、达标运动会等。课外群众性体育竞赛的开展,有助于培养学生勇敢、顽强、拼搏、进取的精神品格;可以培养学生遵守纪律、服从裁判等优良品质和集体主义精神;可以活跃校园的业余文化生活,对校园的社会主义精神文明建设也具有重要意义。

6. 野外活动

野外活动是指在山、河、湖、海、草原、天空等自然环境中开展的各种活动的总称。根据活动的环境可分为:陆地运动、水上运动、冰雪运动、空中运动、草原运动等。根据活动的目的可分为:竞技性活动、健身娱乐性活动、教育性活动等。国内外的实践和研究表明,野外活动是一项具有陶冶情操、强身健体、消除疲劳、愉悦身心等效能,深受大学生喜爱的,并为其他运动所不能替代的有益的体育活动,已成为发达国家学校教育的内容和进行终身体育教育的有效途径。

7. 体育节

体育节一般有"体育周""体育日"(健康日)两种形式。"体育周"是集中利用一周下午的课外活动时间,组织各种体育宣传教育、锻炼、比赛等活动。如体育专题报告、体育讲座、体育知识竞赛、体育表演、比赛、体育游戏等。它具有浓厚的节日气氛,能提高学生的兴趣并吸引广大学生参加。

"体育日"一般是结合有意义的节日或重大的国际、国内体育活动,用一天或半天的时间,开展专题性的体育主题活动,进行体育教育和锻炼。一般可以组织全校性的活动,也可按年级、班组进行。

第二节　大学体育的健康功能

一、大学体育的生理健康功能

(一)大学体育有助于大学生运动系统的发展

运动系统是大学生正常生活、工作、劳动和运动不可缺少的器官和系统。运动生理学研究表明,进行体育活动有助于人体骨骼的发育和生长;有助于关节的灵活,增加动作的幅度;有助于增加肌肉的体积和肌力。

1. 运动促进大学生身高的增长

人体的身高主要与骨骼的发育水平有关。大学生在经历了青春发育的高峰期后,骨骼发展进入了缓慢的发展阶段,但骨化过程尚未结束,身高的变化仍存在着相当大的可塑性。有资料表明,经常参加体育锻炼的学生与其他同龄人相比,身高平均增长4~7厘米。因为,经常参加体育活动,可有效刺激和促进人体的新陈代谢水平,使骨骼的新陈代谢加强,血液供应充分,骨细胞生长能力增强,从而使骨的长度增加,骨密质增多,骨变粗,骨小梁的排列更加整齐有规律,机械稳定性加强。影响身高增长的因素除体育活动之外,还有营养、作息、遗传、卫生等因素。

2. 运动可使关节的灵活性、稳定性加大,动作舒展优美

关节是构成人体形态、连接骨骼的组织器官。运动时,骨、关节和肌肉都得到了良好的锻炼,韧带和肌腱的柔韧性和力量都得到增强,关节的稳定性和活动的范围得到加强,从而使动作表现出舒展大方、优美协调的效果。

3. 运动能够有效地增加肌肉的体积和力量

肌肉是人体运动的动力器官,也是构成健美体形的外在组成部分。大学生的肌肉发展特点是由肌纤维纵向发展转向肌纤维的横向发展。体育锻炼中,肌肉的不断伸缩可使肌球蛋白不断增加;可使肌肉贮存水分的能力增加而有利于肌肉的氧化反应;可使肌纤维的供能中心线粒体数量增加,不易产生疲劳;可使肌肉结缔组织增厚,肌纤维的数量增加和横断面增大,肌肉的力量增大,肌肉更结实丰满。研究表明,经过长期的运动,人体肌肉的重量可由占体重的40%(女性约占35%)左右改变为50%左右。可以明显地改善身体的形态结构。

(二)大学体育可以促进大学生心血管系统机能的提高

人的心血管系统是由心脏、血管和血液三部分组成的,它担负着人体内新陈代谢过程的

运输任务。心脏是血液循环的总动力中心。大学生的心脏在形态结构和功能上,均已接近成人的水平。

此外,经常参加体育活动还会影响血管壁的结构,改变血管在器官中的分布状态,使冠状动脉口径增粗、心肌毛细血管的数目增加。因而也是预防一些心血管系统疾病、保护心脏健康的积极手段。

(三)大学体育可提高大学生呼吸系统的机能

人体的呼吸系统是由呼吸道(包括鼻、喉、气管和支气管)和肺组成。呼吸道是呼吸运动时气体进出的通道,肺是进行气体交换的场所。大学生肺的结构和机能迅速生长发育,呼吸肌力量逐渐加强,呼吸道、肺活量已接近成人。呼吸频率逐渐减慢,一般约为16次/分,呼吸深度相应增加,呼吸系统已经达到健全程度。

经常参加体育活动可使呼吸系统的机能得到改善。因为运动可保持肺组织弹性,改进胸廓活动范围,使呼吸深度加大,肺活量增加。一般成年男子肺活量为3500毫升左右,女子为2500毫升左右,而经常锻炼的成年男子肺活量可达到4000-7000毫升,女子可达到3500毫升左右。运动也使呼吸系统的通气和换气功能得以增强。安静时一般人的呼吸频率为12~18次/分,肺通气量4~7升,经常锻炼的人呼吸频率仅8~12次/分就可达到同样的肺通气量。在定量工作时,呼吸机能还能表现出节省化现象,能够较长地保持高效率工作,能够适应和满足较大运动负荷对呼吸系统的要求。

(四)大学体育可以改善神经系统的机能

神经系统包括中枢神经系统和周围神经系统。中枢神经系统是指挥整个机体活动的"司令部"。周围神经系统散布于机体各处,上连中枢神经,下连各器官、系统,把人体的各种刺激传给中枢神经,也把中枢系统的指令传到人体的各部分。人体任何一个器官、系统的活动,都是在神经系统的调节、控制下完成的。大学生的神经系统处于脑细胞建立联系的上升期,大脑神经细胞的分化机能迅速发展,大脑皮质的结构和功能发生着巨大变化。

经常参加体育活动可以使人的头脑清醒,思维敏捷。因为大脑虽然只占人体重的2%,但它所需要的氧气都要由心脏总血流量的20%来供应,比肌肉工作时的所需血流量还要多。进行体育活动,特别是到大自然中去活动,可以改善大脑供血、供氧情况,促使大脑皮层兴奋性增强。

另外,进行体育活动是调节大脑皮层兴奋和抑制过程的积极有效措施。因为,人体神经系统的活动就是兴奋和抑制过程的相互转换。人体进行运动的过程,需要肌肉不停地做出收缩和放松的反应,这一过程本身就是对神经系统兴奋与抑制机能很好的锻炼,从而使人的动作敏捷,反应灵敏迅速,思维灵活,精细果断,同时也改善神经系统对心血管系统、呼吸系统、运动系统等器官系统的调节功能,更好地保证大学生在校期间的学习。

二、大学体育的心理健康功能

(一)心理健康的标准

人的心理健康标准是一个比较复杂的问题,对此,心理学家、精神病学家和社会学家各有不同的看法。综合国内外专家的观点,一般认为心理健康的标准主要包括以下几点。

(1)了解自我,悦纳自我。

(2)接受他人,善与人处。

(3)正视现实,接受现实。

(4)热爱生活,乐于工作。

(5)协调与控制情绪,心情良好。

(6)人格完整、和谐。

(7)智力正常。

(8)心理行为符合年龄特征。

(二)大学体育可促进学生的心理健康

1. 大学体育有助于改善大学生的情绪状态

在繁重的学习压力下,大学生中的某些人经常会产生忧愁、紧张和压抑等情绪反应,参加体育活动可以转换个体不愉快的意识、情绪。因为运动能够提高人的情绪唤醒水平。唤醒水平是指一个人情绪兴奋的水平。运动能提高人的唤醒水平是由各种感觉信息的输入所造成的。当达到一定的运动负荷时就会导致唤醒水平的提高,使人精神振奋,乐观自信,充满活力。

2. 大学体育有助于培养大学生的意志品质

意志品质指一个人的果断性、坚韧性、自制力以及勇敢顽强和主动独立等精神。意志品质既是在克服困难的过程中表现出来的,又是在克服困难的过程中培养起来的。在体育活动过程中需要不断克服各种客观困难(如气候条件的变化、动作的难度、运动损伤等)和主观困难(如惰性、胆怯、畏惧、疲劳等),坚持参加体育活动,就可以培养坚强的意志品质,并能够迁移到学习、生活和其他工作中去。

3. 大学体育有助于培养大学生人际交往能力

人际交往是指在社会活动中人与人之间进行信息交流和情感沟通的联系过程。人际交往能力强是一个人心理健康的重要标志之一。经常参加体育活动有助于培养学生的人际交往能力。因为体育活动增加了人与人接触和交往的机会。很多体育运动项目是以集体参与的方式表现出来的,参加运动的过程就是一个与他人紧密协作和配合的过程。如排球的二传手与攻球手之间;足球的前锋与中锋之间;田径接力比赛的交接棒之间;甚至体操比赛的单项与团体之间等,都增加和提升了锻炼者人际交往的机会和能力。

4. 大学体育有助于大学生心理卫生问题和心理障碍的防治

心理卫生问题和心理障碍,往往总被人们认为是精神上的疾病,但这是一种误解。如一个人因焦急而头痛,因生气而失眠,因过度忧郁而肠胃功能紊乱等,这些都属于心理卫生和心理障碍的范畴。据世界卫生组织最新统计,全球目前至少有5亿人存在各种精神和心理问题,占全世界总人口的10%,其中2亿人患有忧郁症,忧郁症是当前最常见的心理障碍之一。

体育锻炼被公认为是一种有效的心理治疗方法,一项调查显示,1750名心理医生中,80%的人认为体育锻炼是治疗抑郁症的有效手段之一,60%的人认为应将体育锻炼作为一种治疗方式来消除焦虑症。由于学习压力和其他方面的挫折因素,导致焦虑症和抑郁症成为大学生常见的心理疾病,而通过大学体育可以减缓和消除这些心理疾病。

三、大学体育的社会健康功能

大学体育的社会健康功能主要体现为参加体育活动有助于大学生社会化过程的完善。社会化是指作为个体的生物人成长为社会人、并逐步适应社会生活的过程。正是经由这一过程,社会文化得以积累和延续,社会结构得以维持和发展,人的个性得以形成和完善。大学体育的社会化功能主要表现在以下几个方面。

(一)有助于大学生学习和理解社会行为规范

体育是一种特殊的社会文化活动。激烈的对抗竞争、频繁的人际交往和多种形式的群体活动,是这一文化活动的鲜明特征。这一文化活动中有明确而细致的各种行为规范,如运动员守则、比赛规则、竞赛规程等,并通过裁判、仲裁、公众舆论、大众传播媒介等进行实施和监督。由于体育的这些规范训练可以在体育教师的指导下经常重复地进行,这就使大学生在体育运动中学习了行为规范准则,懂得了行为规范的一般特征,有助于对其他社会规范的理解和学习。

(二)有助于大学生树立正确的价值观念

体育文化之所以存在,其哲学意义在于对人的肯定。体育运动过程是追求人的价值和人的权利的过程,是发展和完善人的肉体和精神的过程。体育承认人的肉体存在的合理性,令人体验生活的乐趣、自由和幸福,培养积极进取的精神和高尚的品行与气质。

(三)有助于大学生尝试多种社会角色

社会学理论认为,社会角色是指与人们的某种社会地位、身份相一致的一整套权利、义务的规范与行为模式,它是人们对具有特定身份的人的行为期望,它构成社会群体或组织的基础。可以说,一个人要符合社会的要求,取得社会成员的资格,就必须学会扮演适当的社会角色。

  大学体育能为学生们学习社会角色提供优越的环境与适宜的条件。所谓体育运动中的角色,是指个人在体育过程结成的社会关系中所处的地位。这种地位有其权利、义务和相应的行为要求。比如,某个班级在分组进行足球比赛时,两个组各自的前锋、边锋、中锋、后卫和守门员等各个角色,都是在自己所处的地位上,通过与该地位相适应的角色行为而产生相互的关系。权利与义务伴随着行为过程而发生,在由体育而结成的社会关系中,每个角色都有获胜的权利、获得嘉奖的权利和按照规则进行技术动作行为的权利。同时也有遵守体育法律规范、道德规范和技术规范的义务。

  在多数情况下,体育活动都是通过角色学习出现的。也就是说,体育教育是通过体育场合中人与人的相互交往行为进行的,而这种交往常常又是以群体的形式出现的。当群体活动的学习过程与群体成熟的过程相吻合时,可以得到较为理想的教育效果。所谓群体成熟的过程,也就是群体的每个成员能够适应群体的活动,并能够从中得到满足的过程。群体在成熟时,除了群体自身及其活动内容具有魅力外,所有成员还需要具有以下几个条件:①能做到与群体规范相一致;②都满足于自己的地位与角色;③与领导人物、核心人物关系协调;④具有与其他成员的一体感。

  总之,通过体育角色的学习,大学生可以体会到经过个人努力是能够成功扮演各种角色的,从而认识到人的主观努力是改变社会地位的重要途径。

第三章 体育运动与大学生身心健康

第一节 大学生身心发展特征

大学生是推动社会进步的栋梁之才,其心理、生理的健康发展十分重要。从心理发展水平来说,大学生正处于半成熟与成熟之间,具有独特的身心发展特征。

一、大学生生理发展的状态

我国大学生多数处于青年中期(18~24岁)这一年龄阶段。在这个阶段,个体已具备了成年人的体格及种种生理功能。

(一)形体特征

低年级大学生已经经历了人生最后一个生长发育的高峰期,身高、体重、胸围、肩宽、头围、骨盆等外部形态已逐渐转入缓慢发展阶段,体格等已近似成年人,骨骼已基本骨化并坚固。

(二)神经系统特征

大学生正处在脑细胞建立联系的上升期,经过教学训练,特别是专业学习,皮层细胞活动迅速增加,神经元联系扩大,大脑发育逐渐成熟。

(三)性机能日趋成熟

青春期是个体生理发展的第二次大飞跃阶段,个体在形体和神经系统高速发展的同时,性器官和性机能逐渐成熟与完善,出现了比较明显的性别特征。这一时期,无论男性还是女性,都开始对异性产生好奇、爱慕、关注和吸引的情感。

二、大学生的心理发展特征

在生理发展的基础上,大学生的心理发展处于迅速走向成熟而又未完成真正成熟的阶段。因此,这一阶段大学生在心理发展方面表现出以下明显特征。

(一)具有强烈的自我意识

自我意识,是指个体对于自己、自己与他人及社会的关系的认识。大学生正处在社会化的末期,他们希望自己的聪明才智能够得到社会和他人的承认与关注,不喜欢他人指手画脚、干涉指责或者继续把他们当未成年人对待,这种表现是大学生自我意识进一步增强的反映。但由于大学生自身的社会生活知识、能力和经验等不足,他们对事物的认识表现出一定的片面性和幼稚性,往往带有幻想色彩,不十分切合实际。

(二)抽象思维发展但较主观、片面

抽象思维是人们在认识活动中运用概念、判断、推理等思维形式,对客观现实所进行的间接的、概括的反映,属于理性认识。大学生经过十余年的学校教育,知识越来越丰富,抽象思维获得迅速发展。他们在思考和解决问题时,能够辩证地对待周围的一切,不盲从别人的意见。但是,由于大学生社会阅历浅、生活经验少,抽象思维的背后缺乏实践经验的支持,认识还带有一定的片面性,主要表现为比较固执、感情用事、爱冲动、比较偏激和过分自信。

(三)意志水平提高但不稳定

多数大学生能逐步自觉地确定自己的奋斗目标,有时间紧迫感,并能够根据自己的目标制订行动计划,排除困难,努力实现奋斗目标。大学阶段独立的生活、自由的学习环境锻炼了大学生的意志力。但是其意志水平的发展又是不稳定的,主要表现为有时候还不能形成良好的行为习惯,想的和做的不能达成一致,在做一些比较重要的决定时优柔寡断,特别需要师长的意见。

(四)情感丰富但情绪波动较大

大学生在生理、心理方面已经基本成熟,充满青春活力,再加上大学的学业压力不是很大,所以他们有更多的时间去与人交往;同时,由于许多大学生离家在外独立生活,这让他们更加深刻地体会到对父母的感恩之情和对同学、朋友的珍惜之情,情感体验更为丰富。此外,爱情的出现对大学生的心理发展也有着巨大影响。虽然大学生控制情绪的能力也在不断由弱变强,但如果受到较强的刺激,他们往往不太容易掌控好自己的情绪,情绪波动较大。

三、不同阶段大学生的心理发展倾向和规律

(一)不同阶段大学生的心理发展倾向

1. 第一阶段:过渡适应阶段

这是大学生进入大学的起步阶段。刚刚进入大学,首先面临着从中学生活向大学生活的急剧转变。由于处于青年初期的大学生独立性不强、社会阅历浅、过于理想化等,其整个心理处于动荡之中,表现为对大学生活的诸多不适应。比如,对集体生活不适应,对学习方法不适应,对饮食、气候、语言、环境改变不适应,从而引起一些心理矛盾和冲突。大学新生的诸多不适应既是心理发展未成熟的表现,也是进入陌生环境的特殊心理反应。大多数大学生经过一两个学期的学习生活实践便能逐步适应,但也有极少数大学生出现适应困难、压力过大等问题,影响健康和学习。

2. 第二阶段:稳定发展阶段

这是大学生全面成长的阶段,也是学习最紧张、最活跃的时期。经过一年左右的时间,

大学生对新环境已逐渐熟悉,加上年龄的增长、知识面的扩展、视野的开阔,不再像低年级那样不适应,而是表现出专业思想逐渐稳定、人生思考更加深入、奋斗目标日趋明晰、求知欲望更加强烈、重视各种能力培养、社会责任感增强等特点。同时,这一阶段又是大学生分化的阶段,有的大学生思维活跃、学习努力、兴趣广泛;而有的大学生缺乏明确的学习目标,纪律散漫、学习松懈,或沉溺于玩乐,或沉溺于恋爱,严重的甚至违纪违法。

3. 第三阶段:毕业准备阶段

这是大学生趋于成熟,准备成为社会独立成员的阶段。高年级的大学生经过几年的学习,认识问题、分析问题和解决问题的能力有了较大提高,个性已趋于稳定。即将完成学业踏上社会,他们一方面对大学生活有深深的依恋;另一方面也对未来的新生活充满了向往。这一阶段,他们紧迫感、责任感、焦虑感并存。临近毕业,不少大学生在毕业设计、考研、择业等方面感到时间不够用,从而产生紧迫感;即将进入社会,许多大学生更加关心国家政治、经济,关心自己所学专业的动态,从而社会责任感增强;围绕求职择业,大学生担心学非所用,对未来的工作能否满足自己的愿望、自己能否适应今后的工作等问题而忧心忡忡,从而产生焦虑感。

(二)不同阶段大学生的心理发展规律

从群体上看,当代大学生的个性心理面貌出现三大转变,即从闭锁转向开放、从依赖转向独立、从关心书本转向关心社会。

1. 生理成熟期普遍前移

当代大学生由于物质文化生活条件的普遍改善,他们的生理发展普遍呈现成熟期前移的鲜明特点。

2. 积极的休闲态度,偶像崇拜盛行

在闲暇时间,大学生选择了多种休闲方式,他们更能接受那些灵活多样的游戏规则。此外,青年初期的大学生,心理仍处于一个尚未健全的时期,他们大多有偶像崇拜。

3. 心态逐渐复杂多样化

毋庸置疑,健康向上、科学合理的心理状态是当代大学生心理发展的主流。但值得重视的是,当代大学生确实比较普遍地存在着一些消极甚至阴暗的负面心态。这些负面心态的产生和形成,既有思想观念、思维方式、人格心理等方面的主观原因,也有社会文化、家庭影响、教育改革、体制变革等方面的客观原因。

4. 紧迫感、开拓性和竞争意识逐渐增强

大学生要想毕业后在社会上立足并有所作为,就必须时刻保持紧迫感,具有开拓精神,只有这样,才能跟得上时代的步伐。面对当前大学毕业生就业形势越来越严峻的现状,许多大学生在刚入学时就为自己毕业就业而作准备,当今社会残酷的竞争让他们意识到,不努力就不会有出路。所以,大学生的紧迫感和竞争意识都逐渐增强。

总之,大学生是祖国未来的中坚力量,他们生理和心理的健康成长应该得到学校、家长及社会的高度关注。只有各个方面共同努力,为大学生的成长创造良好的环境,才能有助于大学生的成长、成才。

第二节 影响大学生身心发展的因素

一、影响大学生生理发展的因素

(一)遗传

遗传是影响人体身心发育和发展的先天条件,遗传素质对体质的强弱有十分重要的影响。研究显示:人体的有氧代谢能力和最大摄氧能力有 75%~95% 是受遗传因素的影响。我们在认识到遗传对人体身心发育和发展的重要影响的同时,也应从遗传与变异的客观规律出发,进一步认识到身体锻炼的积极意义。遗传对人体身心发展的作用只限于提供物质前提,提供发展的可能性,它不能决定人的发展。

(二)环境

环境即围绕在人们周围、对人的发展产生影响的外部世界,它包括自然环境和社会环境两个方面。在人的发展中,社会环境起着主导作用。环境对个体身心发展的影响是经常的和广泛的,既有可能起有利的、积极的影响,也有可能起不利的、消极的影响。由于人具有主观能动性,人在环境面前并不是无能为力的,人不但能正确认识外部世界,而且能主动地改造世界。环境能改造人,人也可以反过来改造环境。例如,生活在高原地区与平原地区的人,其体质有明显差异;在极地生活的爱斯基摩人与在热带居住的非洲人,其在体态结构上也有明显不同,这些都是他们各自长期适应自然环境的结果。

(三)锻炼

生命在于运动,运动增进体质。科学的体育锻炼是增强体质最积极、最有效的途径。当代社会由于生产力的提高,使得体力劳动减少,脑力劳动增加。工作时间的缩短,物质生活的丰富,使得肥胖和心血管疾病等"文明病"日益普遍。治疗这些"文明病"仅用药物很难奏效,还必须进行体育锻炼。

经常进行体育锻炼,心脏会逐渐发达,其兴奋性、收缩能力提高,搏动有力,容量加大,使每次搏动输出的血量增加,有利于健康;能促进骨的生长,骨骼长长、横径变粗,而且骨密度增高,骨重量增加;能使肌纤维变粗,肌肉横断面积加大,肌肉收缩能力和舒张能力增强,从而不断提高肌肉的力量、速度和耐力;能使大脑的兴奋与抑制过程合理交替,避免神经系统过度紧张,消除疲劳,使头脑清醒、思维敏捷。伴随着神经系统机能的改善,人体各器官系统的控制和调节能力也会不断提高和完善。大学生在学生时期养成科学锻炼的习惯,对于奠定体质基础具有重要意义。

二、影响大学生心理发展的因素

(一)健康

健康是指身体、精神及社会适应方面完全良好的状态,不能说没有病、不虚弱就是健康。即健康不仅仅是没有伤病,而且包括精神的饱满状态和良好的社会适应力。这一概念明确地将人体的健康与生物学、心理学和社会学的因素联系在一起。对健康最简单的定义就是身体、精神和心灵的健全。健康有很多组成部分,如躯体、心理、社会、智力和环境。健康是一个人生活质量高低的重要标志之一。一般来讲,健康包括以下内容。

(1)具有积极、乐观的态度。

(2)面对应激和烦恼能够自我控制、自我放松。

(3)具备能量和活力,没有痛苦或严重的疾病。

(4)有朋友和家庭的支持,有亲密无间的关系。

(5)对自己的学习、生活感到满意。

越来越多的人正在以主动、负责的态度,最大限度地提高躯体、精神和心灵的健康,即整体健康状态。正如科学家近几十年来反复证实的那样,心理因素在增进身体健康和预防疾病中起着重要的作用,心理因素也能够引发、加重或者延长躯体的症状。有学者指出:"心理对生理功能的各方面都有深刻的影响。长期悲观、愤怒、焦虑或抑郁的人容易受到应激事件和疾病的打击。"

(二)学习

学习紧张与压力,是指人在学习活动中所承受的精神负担。它主要来自以下方面:一是来自校方管理层、任课老师、班主任及同学;二是来自社会,包括教育体制、社会舆论;三是来自家长。

学习上过度紧张或压力过大,在情绪上会表现为:容易沮丧低落,经常显得不耐烦,暴躁、易怒;说话冷言冷语,对自己、他人的评价以及对事情的描述都有消极倾向;和家长关系紧张,对父母有抵触情绪或经常与父母发生冲突;等等。在学习上会表现出敷衍、厌烦监督、抱怨、对自己学业要求过高、对自己没有信心、考前焦虑等。

(三)社会环境

社会环境是人类生存的包含政治、经济、文化、卫生等诸多因素的外部环境。社会环境因素作用于人类时,一直伴随着自然环境因素的影响,两者是密不可分的,如人类的生产环境、运动环境、学习环境等都是社会环境和自然环境相结合的产物。

(四)生活方式

生活方式是指人们由于长期受一定社会文化、经济、风俗、家庭的影响而形成的一系列的生活习惯、生活制度和生活意识。生活方式是由个人、社会群体和整个社会的性质与经济条件及自然地理条件所决定的个人、社会群体和整个社会的方式与特点。它包括人们的衣食住行、劳动工作、休息娱乐、社会交往、待人接物等物质生活和精神生活的价值观、道德观、审美观等,这些方式可以理解为在一定的历史时期与社会条件下,各个民族、阶级和社会群体的生活模式。

不良生活方式不但会造成人体诸多疾病,也会导致不良生活关系甚至不良社会关系,给家庭和社会带来隐患,这也是严重制约着大学生心理发展的重要因素。

第三节 体育运动对大学生身心发展的影响

体育运动是指人们根据需要自我选择,运用各种体育手段,并结合自然力和卫生措施,以发展身体、增进健康、增强体质、调节精神、丰富文化生活和支配闲暇时间为目的的体育活动。体育运动作为丰富学校文化生活,促进学生身心全面发展的一种有意识、有组织的身体活动,对大学生的身心发展有着重要的影响。

一、体育运动能促进大学生的智力发展

体育运动是一种积极、主动的活动过程,在此过程中,大学生必须在运动中对同伴、对手、体育器械等对象有迅速准确的感知,协调自己的行为以保证动作的完成。经常参加体育锻炼能改善大学生的中枢神经系统,提高其大脑皮层兴奋和抑制的协调作用。同时,体育运动能使大学生在空间、时间和运动感知能力等方面得到发展,使其重力觉、触觉、速度觉、高度觉等更为准确,从而改善大脑皮层系统的均衡性和准确性,促进大学生感知能力的发展,使得其大脑思维的灵活性、协调性、反应速度等得到改善,综合能力得到提高。科学地进行体育运动,能够获得健康、快乐和满足。

二、体育运动在大学生生理上的作用

(1)有利于人体骨骼、肌肉的生长,增强心肺功能,改善血液循环系统、呼吸系统、消化系统的机能,增强机体的适应能力和抗病能力。

(2)减少患心脏病、高血压、糖尿病等疾病的机会。

(3)减少机体过早进入衰老期的危险。

(4)改善神经系统的调节功能,提高神经系统对人体活动时错综复杂变化的判断能力,使人体适应内外环境的变化,保持机体生命活动的正常进行。

三、体育运动在大学生心理上的作用

(1)体育运动具有调节人体紧张情绪的作用,能改善个体的生理和心理状态,恢复体力

和精力。

(2)体育运动能舒展身心,有助于睡眠及消除学习带来的压力。

(3)体育运动能强化大学生的自我概念和自信心。自我概念是个体主观上关于自己的看法和感觉的总和。自我概念是相对稳定的,在适应社会和人格的形成方面起很大的作用。在体育运动过程中,由于运动的内容、难度、目的及与其他运动个体的接触,就不可避免地会对自己的行为、形象、能力等进行自我评价。研究表明,体育运动后运动者的自我概念清晰度明显提高,这有助于大学生正确认识自我,培养克服困难、持之以恒的精神。同时,参加体育运动的大学生其所选择的项目绝大多数基于自我兴趣和能力,他们一般能很好地胜任该项目,从而有利于增强自信心和自尊心,在运动中展示自己的才能和实力。体育运动是增进健康、增强体质最积极有效的方法,能促进大学生的正常发育和健康成长,能防治疾病和使身体健康。坚持体育运动能够"健身、健心、健美"。

(4)体育运动能培养大学生的意志品质。行动的自觉性、果断性、坚韧性和顽强性是意志健康的重要标志。大学生参加体育运动,既是对身体的锻炼,更是对意志的考验。懒散、懈怠、无所作为,为体育运动所不耻;而敢于向困难挑战、坚持不懈、锲而不舍、勇于拼搏,则是体育精神的充分体现。紧张激烈的运动对抗,向自身运动极限冲击,必定会产生强烈的生理、心理负荷,参与者必须动员较大的(有时是极大的)意志力,克服自身的心理、生理与运动项目的矛盾,完成预定的任务。而在这个过程中,意志品质在潜移默化中得到了发展和完善。

(5)体育运动能调节大学生的不良情绪。情绪是对心理健康产生影响的主要因素之一,而不良情绪是导致生理、心理异常和疾病的重要因素。体育运动可使不良情绪得到调节,使大学生从中得到乐趣、振奋精神、陶冶情操。积极的情绪状态可以使大学生自信、自尊、自强,并使烦恼、寂寞、不安、自卑等不良情绪得以解除,从而改善心理健康。1993年,心理专家麦格尼格尔等人对体育锻炼后的人进行即时测量,发现他们焦虑、抑郁、紧张等心理紊乱的水平显著降低,而精力和愉快程度却显著提高。

(6)体育运动有助于矫正大学生的某些心理缺陷。人的心理和身体、周围的环境、周围的人都是相互联系、相互作用、相互协调、相互影响的。体育运动为人提供了一个活动空间,在这个空间中,大学生的心理与身体、周围的环境、周围的人之间能够充分地交融在一起,从而促进大学生对环境的适应,促进大学生人际关系的和谐,使某些有心理缺陷的大学生达到身心平衡,获得身心健康。

第四章　高校体育教学方法的理论与实践

第一节　高校体育教学方法与内容的关系

一、运动技术学习与体育教学方法主体化

高校体育教学不同于一般课堂教学，它需要有严谨的组织形式，主体的学习内容需要配合合理的教学手段，其立足点是运动技术教学。从这个角度讲，教学的计划性与非计划性、智力性与非智力性、显性与隐性的多元性都需要教学中有一个科学系统的"教"法和学生合理有效的"学"法，这个"教"与"学"的尺寸我们称之为教学方法。所以教学方法决定了课程的主体。目前，教育界有种"淡化运动技术"的主流，主要以提高身体素质为主的"健康第一"为指导思想，使高校体育界对体育教学内容方法的改革趋于情绪化，体育课改为体育与健康课，教学以健身为目标，体育的科学性、运动技术性的基本原则及高校体育作为教学内容的运动知识特性被淡化，这是一种不正常的"大帮哄"现象。

高校学生在心理上、生理上的成熟限度远远高于中小学生，如果体育课不以竞技运动项目教学为主，纯粹按照健身锻炼的要求，重复中小学已经做过的身体练习，如仰卧起坐、引体向上、俯卧撑、单杠、双杠、跑步、跳跃、攀爬等所谓的跑、跳、投传统体育练习老三样，必会导致学生的反感，结果是事倍功半。就算健身的目的达到了，但这样上体育课又能坚持多久呢？大学生思想敏捷，变革意识强烈，在教学的各个层次都有体现，体育课程更是如此。体育教师应该引导学生摒弃不适合自身运动特点的旧的传统观念，以创新、独特的运动观念引导他们掌握一两项符合自己心理、生理条件的运动项目，使他们终身受益。同时，教师是坚持以竞技运动项目为主体的教学内容，灵活采用合理有效的教学方法。竞技运动项目，如篮球、足球、排球（三人制、五人制、七人制）等经过长时间的沉淀，能够流传开来表明了其强大的生命力。竞技项目激烈的对抗竞争意识，不屈不挠的斗志锤炼，默契的团队精神的特点与大学生的思维趋向极为相合，使竞技运动项目更加适合体育教学的需要。教学方法的实施应以运动素质带动身体素质，从学生的兴趣学习开始培养他们健康向上的思想品质，使他们的精神面貌得到升华；同时，使体育课程整体化、理想化，更符合教育规律，而教学中运动技术项目与必要的教学方法是体育课程的主体。

二、体育教学中内容与形式的相互关联

动作学习是体育教学的主要内容,动作是肢体的外在表现,是直观的行为。动作在时空环境中存在使内容外在形式化。动作的名称是死的,这是命名的必然性所致,但是动作却是练习者做出来的。一定的动作必然与一定的名称即内容相关联,并不存在纯形式的动作。反过来说,这反映了动作概念对应的实际存在的动作行为的必然性,即教学内容与技术动作的相对性。

动作技术学习应根据大学生的生理特点灵活采用教学方法。教学方法的科学运用应以教懂、教会大学生为主要目的并贯穿整个教学过程。怎样才能有效调动学生的学习主动性,教师采用有效的教学方法是重中之重。体育作为一门教授技术动作的课程,其课程内容的选择不同于一般性的科学类课程。它与人类的文化发展、科学进步及自然科学有着密切的关系,同时运动技术与社会生活又有着不可分割的联系。在人的成长过程中,体育是教育不可缺少的一个组成部分,体育课是培养学生坚强意志、健全人格、集体观念和团队精神的重要课堂,因此,体育课内容应该是健康向上的,是朝气蓬勃的年轻大学生喜爱的一门健康活泼、充满生气的室外课程。内容与形式的统一,自然会产生事半功倍的效果。学生兴趣的产生恰好是主动上好体育课的基础。教学方法的科学、合理,自然会激发学生学习运动技术的主动性和积极性,教学内容与形式的统一是学生学有所得的保证。

将教学目标作为一个整体来看,技术动作的教学是最关键的部分,其他目标都可在这一目标推进过程中适当嵌入并得以实现。于是,体育教学方法与内容的关系便聚焦于技术动作的训练。

综上所述,向学生传授运动技术、技术结构和运动规则,并使之正确掌握是体育教学的关键。

三、体育教学中"教"与"学"的互动及共存关系

运动技术怎样教,怎样才能被学生高效掌握,是体育教学中应该解决的基础问题,也是体育教学方法要面对的现实问题。现在的体育教学法,并没有形成独立、系统、有效的理论体系。许多有关体育教学的教科书有专门章节讨论"体育教学法",分析了动作教学各阶段的教学法特点,也提出了一些具体的教学方法,如:语言法、直观法、形态法和纠正法等,但从已有研究来看,并没有能科学地深入到以人的肢体活动及情景变化为表达方式的动作技术的内在机制的研究。对学生动作技术教学中"学"的研究的不足,产生了"教"与"学"的对立关系。而体育教学法最重要的恰恰是动作技术学习机制,使学生养成规范的体育行为方式,使教学最终落实在学生学习的效果上。

改革体育教学法,就是摒弃传统的封闭式教学,实施开放式教学,改注入式教学为启发

式教学。体育教学过程中,应提倡教师的科学"教"法与学生的主动"学"法,改变重"教"而轻"学"的旧理念,立足于终身体育和基础体育服务的观念,着重提高学生健康素质和运动素质。因此,体育教学方法应该首先认清"教"与"学"的辩证关系,它们既是对立的又是共存的,既是矛盾的又是统一的。从"教"与"学"的互动关系看,体育教学的关键不只是"教什么",而首先是"为什么教",只有有了清晰的教学理念,才能有的放矢地实施教学法。

四、与教学内容相契合的有效教学方法

教学方法能否有效运用,是决定学生能否有效完成教学内容的学习以及教师教学成败的关键。有效的教学方法首先必须能够激发学生学习教学内容的动机和积极性,最大限度地防止懈怠心理;其次,还必须能够激发学生学习的自主性,引导学生不仅能够完成学习任务,而且把教学目标内化为自己的学习目标。综合各种学习理论,我们认为许多新的教学方法在体育教学中是值得借鉴和引入的。

(一)支架式教学

支架式教学是建构主义的一种教学方法,它要求事先把复杂的学习任务加以分解,以便把学习者的理解逐步引向深入。支架式教学的基本环节可分为五个方面:进入情境、搭建支架、独立探索、协作学习和效果评价。

(二)合作学习

合作学习是一种适合于集体教学、小组学习的教学方法。它同样包含五个方面:成员之间面对面的互动、良性的相互依赖、明确各成员的职责、传授合作技巧和实施成员监控。

(三)自由学习

自由学习要求学生积极参与决定学习的内容与授课的方式。教师指导学生达成契约,明确在一学期内所要做的工作的种类和数量,以及圆满完成这些工作所能得到的分数。这是一种能够充分发挥学生主观能动性的教学方法。我们应当积极探索适合于训练动作技术的教学方法,但不能否认传统教学方法仍然有其合理之处。因而,在探索新方法的同时,不能忽视对传统方法的研究与改进。新旧方法应该在比较中获得完善。

五、方法教学是教学方法的首要关注点

方法教学是动作技术教学的支架,是科学、系统、合理地传授技术结构和运动规则的基石。方法教学的重要性是由体育教学内容的特殊性所决定的。班杜拉认为,学习过程是由个体、行为和环境交互决定的。

那么,个体的学习内容即教学内容在这种情境中就至少具有以下三个特征。一是内容的整体性。如上所述,从小学到大学,教学内容不能是简单重复,而应该有新的内容,根据学生发展的特点提出更高的要求。体育项目是丰富多样的,教学内容也不能一成不变。这是

内容整体性的实现,即其作为一个多样性的一个有机整体所提出的要求。二是内容的情境性。情境性的内容符合生态学的标准,有助于学生形成有效的迁移,增进学习效果;能使学生建立动作图式之间的广泛联系,建构运动技能的意义性,从而产生主观效能感,发挥出主观能动性。三是动作技术的学习是一种程序性知识的学习,遵循产生式规则。所谓产生式,是由条件和动作组成的指令和规则。安德森提出,前后两项技能学习之间产生的重叠越多,越容易产生迁移。鉴于动作技术学习的以上特点,重视方法教学是极其必要的。方法教学的任务或目标:首先,应当教给学生大量的可供提取或选用的学习方法和技能;其次,应当训练学生知道如何确定学习目标;再次,应当帮助学生储存有关学习及学习方法或策略的信息。

本节对体育教学方法与内容的关系进行了系统分析,认为:教学目标转化为学习目标是二者契合的中介;在二者的相互关系中,教学方法具有更大的能动性,是体育教学的关键。教学内容具有特殊性,并且与形式不可分离,这是制定科学、合理的教学方法的基础;对二者关系的分析应该建立在教与学的关系之上;教学方法的有效运用,教学目标的实现,依赖于新的适应于特殊教学内容的教学方法的探索和对传统教学方法的改进。

第二节 高校体育教学方法与创新教育的探讨

对于高校体育课堂教学中创新性的探究是新时期体育学科的特征,是时代发展的必然趋势,是素质教育在高校体育教学中的具体体现。通过对高校体育课堂教学中创新性的探究,不仅能培养学生的创新精神,更重要的是培养学生的自主学习能力和动手动脑的结合,所以,它应成为我们这一时期体育教育的使命和共识。

一、"创新教育"的含义

创新教育是挖掘人的创新潜能,弘扬人的主体精神,促进人的个性和谐发展的教育。它的本质就是遵循人的创造活动规律和人的创造素质的培养规律,以培养创新人才为宗旨。因为创新教育是指以培养创造性人才为培养目标的教育。创新教育不是一种具体教学模式,而是一种意义深远的教学思想,创新教育思想是时代发展的产物,是知识经济时代对教育提出的必然要求。

二、新的体育教育思想指引体育教学方法的变革方向

体育教学方法的确立和发展源于教学思想,一定的教学方法,是一定的教学思想在教学活动中的具体反映。在教学过程中,以不同的教学思想作指导,教学方法所表现出来的效能和作用便会截然不同,贯彻不同的教学思想,会产生不同的教学效果。社会的发展也在影响

着体育教学思想本身不断发生变化与更新,这种变化与更新又直接影响着教学方法的不断改革与发展,推动了教学方法的整体向前发展。

三、当前体育教学方法改革面临新的问题

(一)传统教育思想的制约

传统的体育教学思想是改变受教育者的心理和生理现状,使受教育者能够达到预期教育目的。而在这种传统的体育教学观念下往往只注重了教育者的作用,忽视了受教育者的主观能动性,从而阻碍他们自主学习的能力。在推行创新和素质教育的今天,传统的教学方法已经不能适应现在的教学,不进行改革就阻碍了现在教育的发展。在传统的体育教育思想模式下使学生在体育课上缺少主动性,制约了他们的发展。

(二)体育教学模式缺乏创新

我国传统的体育教学模式已经不能适应学生身心健康发展的需要,由于现在教师教学处于中心的位置,是知识的传播和灌输者,在教育思想和行为主义的作用下直接影响着学生的健康发展,而学生是知识和思想的灌输对象。体育教学主要是以教师教学为中心,传授知识的方法和手段是教师的本领与技术。在教学过程中教师的讲解和说明是主要的教学方法。这样就使老师凌驾于学生之上,忽视了学生自主学习的能力,对学生的自主性视而不见。在授课中同时也会出现指责、呵斥学生等错误的做法,这对学生的人格来说是无情的摧残,对学生的创新意识来说是无情的扼杀。这样就造成了对学生主体地位的忽略,直接影响学生的创新能力,不利于学生综合素质培养和身心健康的提高发展。

四、高校体育教学方法创新探讨

(一)构建有效的教学模式

要进行高校体育教学方法的创新,需要有先进的理论思想作为指导,并且要有教学实践,这样才能少走弯路。要想改变现在高校教学方法创新理论,就必须重视现代科学方法和心理教学研究,了解现在大学生的具体情况,只有明白了原因才能在体育教学中有所创新。由于现在信息论、系统论、控制论等思想的出现,引发了现在体育教学领域从思想到实践的广泛变革。现在体育教学的研究日益受到重视,特别是在提倡素质文化教育的今天,体育教学得到广泛的关注。高校创新教育是高等教育的一种全新的模式。中央教育科学研究所课题研究和实验方案将"创新教育"界定为"以培养人的创新精神和创新能力与基本价值取向的教育实践",是以培养创新型人才为主要目标的教育。高校的创新教育就是在中学阶段已进行的"创新方法和技术"训练的基础上,为培养创新人才搭建的一个平台,着重进行大学生创新精神和创造能力的培养。要构建高校体育教学方法创新的先进理论,就必须要对创新教育、创新方法有所了解,经过多年的研究和发展,创新教育已经在教育管理制度教育方法

等方面形成了一系列有效的理论和措施。我们可以借鉴古今中外优秀的教学经验,并结合体育教学方法的实际情况,努力构建高校体育教学方法创新的先进理念。

(二)引进创新型体育教师

体育教学方法的创新是高校体育教学创新的关键,这就需要培养和造就一批高素质创造型体育教师。培养创新型体育教师途径多种多样,可以通过在校的教育培养,也可以通过专业的渠道对体育教师进行专业的培养训练。同时要加强体育教师师范教育专业的学习,充分发挥教育培养创新型教师渠道作用,要求高职高专院校要立足现实着眼于长远,进一步优化体育教学机制,改善体育专业和学科教学的设置。

创新教育的开展离不开实践,一切创新型人才的出现也离不开实践,只有通过实践才能找到根源,才能真正地创新。我们常说的理论创新、体质创新、科技创新等都是适应实践的需要。体育教学方法的创新也不例外,通过实践体育教师才能够做到理论联系实际,结合实际的情况在教学中探索创新,提高自身的创新意识。同时带动身边的老师和学生,把理论知识应用于实践,在实践中创新,在实践中不断探索不断进步,把创新立足于实践之上。现在世界开放、国际交流频繁,在交流中学习先进的体育教育理念、体育教学模式是加强创新型教学理念的关键,也在培养创新型教师方面发挥着十分重要的作用。体育教学在教学上有两个观念"教"和"学",树立学生是体育教学的主体,"教"要求体育教师要有较高的专业文化知识水平,对专业课程能够详细地为学生解答讲清楚知识框架。同时重视学生独立自主的学习能力和创新精神的培养。在高等院校中树立高等体育教育与终身体育教育的教学观念,充分认识现代体育教育的思想观念,把体育教学不断创新不断深入。

(三)引进国外先进体育教学方法

国外体育教学与研究起步较早发展较快,在长期的实践与改革中积累了很多教学经验和教学方法。例如:有一种方法是教学生学会学习,提高自主学习能力。我们应该在体育教学论的基本观点和方法的指导下,积极吸取国外先进的体育教学方法,发掘和继承我国传统的体育教学精华,结合当前高校体育教学的实际,对体育教学方法进行整合优化。在引进国外先进体育教学方法的同时,不能盲目随从,不能照本宣科,应按照我国体育教学的实际情况以及我国学生的体质、文化水平、心理状态等,以国外先进体育教学理念来指导我国体育教学方法的创新。在引进与整合的过程中,结合本国的实际,逐步摸索出适合高校体育教学的先进体育教学方法。

总之,新的体育教学理念和体育教学思想不断涌现,这就要求我们要站在时代的前沿,走在发展的前头,去探索和改革新的体育教学模式和新的思路,创造高校体育教学的先锋,推动我国高等教育院校体育教学新风尚,打破传统的教育模式,在探索中进步发展。争创先进优秀的高等院校,带领新一代的体育改革与体育时尚。

第三节　高校体育教学中分层次教学法的应用

在我国高校体育课程教学中,相关人员不断探究和尝试运用多种创新型的教学方法和模式,来达到提高体育教学效率的目的,然而目前我国对于教学方法的研究还不是十分深入,在应用的过程中存在着操作过于简单和理论性不强等一系列问题,对体育学科的教学难以产生积极作用。近几年,高校体育教学工作者不断尝试多种新型教学方法,在这些方法中分层教学法拥有着独特的优势,得到了广泛应用。由于学生在身体素质、兴趣爱好以及个性特点等方面都存在着较大差异,所以必须针对每位学生的特点,积极采取分层教学的方法来提升体育教学效率。

一、分层教学方法的概述

(一)分层教学法的内涵

分层教学,是一种新流入我国的创新型教学方法,其应用过程首先是分析学生不同的接受能力、潜力以及知识水平等因素,据此将学生分成不同的小组。虽然每个小组整体的水平不一样,但是在同一个小组内,学生的水平比较接近,这样学生可以相互帮助,得到共同进步。将分层教学的方法应用到高校体育教学之中,是根据每位学生的运动水平和身体素质等因素,将学生分成不同的小组,每个教学小组的教学目标不尽相同,这样能够真正达到因材施教的目标。不仅如此,通过分组学习还可以有效地增强学生的团队合作意识和责任感。最后,由体育教师采取不同的方法对不同组的学生进行评价,以便对其进行更好的体育教学。

(二)分层教学法的本质

众所周知,分层教学方法的引入能够有效弥补传统教学手段对于学生个体独特性不重视的缺点,因此,将分层教学模式应用到高校日常体育教学中显得十分重要。人们在日常的体育学习过程中,由于每个人的先天性差异以及受后天环境影响,难免会造成不同学生的体育素质存在明显的差别。然而分层教学模式主要就是结合学生的个体差异性所实施的一种新的教学模式,它针对学生的个体差异性,来编制科学有效的教学计划,从而达到深入挖掘学生体育潜能的目的。

二、在高校体育教学中应用分层次教学法的重要性

(一)将分层次教学方法应用到高校体育教学中,可以更好地因材施教

由于每个学生成长、学习环境的不同,导致了每个人的品性、习惯也各不相同,个体差异很大。这些不同的差异是影响学生在体育课上表现不同的主要因素。分层次教学法关注的

不只是学生的成绩,它可以在尊重学生差异性的基础上,充分发挥自主性,同时促进因材施教的有效实施。

(二)分层次教学方法的应用可以提高教学质量与效率

将分层次教学方法应用到高校体育教学活动中,体育老师可以根据学生的不同层次、不同水平制订不同的教学计划和教学目标、组织不同的教学内容,从而保证每个学生都能通过自己的努力来获得相应的进步。这样一来可以使学生不断在实践中丰富自己的经验,激发对体育学习的积极性。除此之外,每个学生在学习中都会遇到不同的问题,体育老师采用分层次教学法可以很好地了解每个学生出现的不同问题,进而实现有针对性地解决。这样不但缩短了时间而且还提高了问题的处理效率,让学生们可以将更多的时间运用到其他学科学习当中去。

(三)分层次教学方法的应用可以提高体育任课教师的专业水平

分层次教学方法和传统的教学方法相比较来说,对体育任课教师的要求比以往要高出很多。在开展高校体育教学活动中运用分层次教学法的时候,体育老师必须要对学生的实际情况进行全面的了解并详细掌握,然后对学生进行分层,对不同层次学生的教育管理要制订不同的教育方案和教学内容,这样才可以有效地完成教学任务,实现教学目标。与此同时,体育老师还必须积极研究在体育教学过程中可能出现的所有问题,并制订好解决的措施。经过不断实践,可以有效提高体育教师的个人能力以及教学经验,对提升教师专业能力来说有着很大的积极作用。要想保证教学工作的顺利进行,学校必须要提高对任课教师的相关要求,加强对教师的培训力度,提高体育教师的综合能力,打造一支高素质的教师队伍,为高校体育教学工作的顺利进行提供有力保障。

三、分层教学法的具体实施策略

(一)在充分考虑当前大学生的实际情况的基础上进行分层教学前的设计

在对学生实施分层教学之前,必须要对分层进行科学合理的设计。实施分层教学要充分考虑到所有学生的实际情况及课堂中从事的运动项目特点,然后有针对性地在课堂教学中实施分层教学。只有这样才能有效地调动学生的学习积极性,才能真正达到培养学生终身体育意识的目的。具体到分层教学设计实践中,必须要同过去传统的个别教学或者分组教学区别开,而主要是要将技术水平接近的一批学生安排在同一层次小组。在分层设计之前最好是能对所有学生进行一个有关身体素质、学习态度及专项素质等几个方面的测试。其中的身体素质测试可以主要测试学生的速度素质或力量素质,比如可测试学生的 50 米跑等。对于专项素质的测试可以通过某些特定项目来测试,或者通过查阅学生的电子档案来了解他们在大学之前是否已经掌握了一些体育专项技术。对于大学生学习态度的测试主要在体育课上完成,主要的测试途径就是通过仔细观察和耐心谈话。体育教师根据多方的测试之后,就可以根据测试的结果按照一定的标准将所有的学生进行分层。通常可以将学生分为三个层次:一般来说可以将身体素质较差,很少去主动进行体育锻炼,但是对体育学习的态度还是非常认真的,对体育课有一定兴趣的学生定位为第一个层次;可以将身体素质比较好,非常喜欢上体育课,但并没有能掌握一项专项的运动技术的一类学生定位为第二层;可以将身体素质比较好,对体育课有着非常浓厚的兴趣,能掌握一项或者多项特长,并且还能密切配合体育教师的课堂教学的一类学生定位为第三层。这样在教学前就对学生进行分层,可以有效避免伤害学生自尊心和自信心的情况,还可以有效避免重复教学。

(二)科学制定层次化的高校体育教学目标

高校体育教学的目标不是要将学生锻造成体能过人的超人,而是将在校大学生培养成有着健康体育意识的人才,帮助学生不但能慢慢积累体育知识,而且还能时刻注意自身体能素质的提高。从这个教育目标出发,在对学生完成分层后,就必须根据不同层次学生的知识结构和学习特点来合理制定层次化的教学目标。当然这个目标并不是说对不同层次的学生体育教育的标准不同了,而是在共同的体育教学目标下要体现出不同层次学生的教育目标的差异性。这样有差异的教学目标可以帮助不同层次的学生都能实现学习目标,体会到成功的乐趣。

(三)分层设计高校体育教学内容

根据不同的标准和要求对全体大学生进行分层之后,我们要承认各个层次的学生的起点是不同的,所以在安排教学内容的时候就要有所区别,需要在确保全体学生整体体育技能提高的前提下体现出一定的差异性。具体来说,对于第三层的学生可以不必严格按照教材的要求进行授课,可以采用比赛或竞赛的形式授课来帮助他们不断提高自身的技能水平。对于第一层,甚至第二层的学生的教学内容安排就最好是能以教材大纲为准,不要刻意进行不切实际地拔高。这样一来,一方面照顾到了体能素质差的一类学生对基础知识的掌握,另外一方面也照顾到了体能素质较好的一类学生的体育技能的进一步提高和体育潜力的进一步开发。

(四)尊重大学生之间存在的差异

根据分层结果选用不同的教学方法,从而发挥每一个学生的主体作用。不同学生之间存在差异是客观存在的,所以教师必须承认这一点。对于不同层次的学生的教学必须要选择适合本层次学生的实际情况的教学方法,这样可以很好地培养学生的自信心,培养学生的创造精神,培养学生健康的竞争意识及师生之间的交往能力。但是,不管采用何种教学方法都必须要充分发挥每个大学生在课堂教学中的主体作用,让学生都能参与到实际的课堂教学中,体验到成功的快乐。这样就可以最终充分发挥出学生学习的积极性、创造性及主动性。

(五)开展分层考核评价,培养大学生对体育学习的热情

在对不同层次的学生安排了不同的教学内容,设计了不同的教学目标,实施了不同的教

学方法之后,就面临着如何对学生的学习成绩进行考核评价的问题。对于大学生的体育成绩的考核评价也要采用相应的分层考核评价模式,对于不同层次的学生准备不同的考核内容、制定不同的考核标准及考核要求。比如对层级低的学生重点考核基础知识的掌握情况,而对层级高的学生就必须要提高考核标准,重点考核其技能的掌握情况及创新性。这样的评价考核才可以照顾到每个层次的学生的学习实际,学生也不会因为考核不达标而受到打击,从而可以很好地培养大学生对体育学习的热情。

第四节 高校体育教学中体验式教学法的应用

一、体验式学习的含义

(一)体验式学习的含义

所谓体验式学习就是让学生亲身参与其中,感受体育运动带来的乐趣,在体验过程中学生能够通过对周围事物的观察、了解,真正融入其中。教师在体验式学习中起着引导的作用,通过各种方式引导学生做好课前体验学习,从而激发学生参与体育运动的热情。

(二)体验式学习特点

体验式学习主要有三个方面的特点,第一,体验式学习强调学生学习的自主能动性,教师在体验式教学中起着引导性作用,通过这种方式能够让学生从内心感受体育运动的乐趣,自愿参与体育学习当中;第二,体验式学习具有娱乐性特点,将学习和娱乐融为一体,将兴趣作为引导学生参与体育运动的基础,在教学过程中,教师会根据体育教学特点,通过有效的教学模式来激发学生的学习兴趣,用兴趣引导学生参与体育学习;第三,体验式学习更注重学生的心理活动,通过教学活动引导学生做好心理准备,在教学过程中也会关注学生心理变化,这种方式有利于培养学生积极乐观的心态。

二、高校体育教学中体验式教学应用的意义

(一)体验式教学激发学生进行体育锻炼的兴趣

培养兴趣是提升学习效果最好的途径,在传统的体育教育模式中,学生都是按照学校安排的课程去完成学习项目,在大学中虽然可以根据自己的意愿去选择体育课程,但是有很多体育项目都是学生在步入大学之前就已经学习过的课程,导致学生学习兴趣降低,体验式教学更多的是让学生真正地参与体育知识的学习中,去亲身参加一些户外运动,例如:开展攀岩、野外生存训练等户外活动项目,户外体育活动项目在我国高校中还没有得到普及,学生群体中参加过体验式活动的数量有限,因此,学生会觉得体验式教学比较新奇,容易引发学习兴趣。长期以来学生一直在固定的室内和体育场学习体育项目,相比之下,会更喜欢尝试户外体验式学习方式,更愿意去追寻户外体验式体育教育带来的刺激和真实的体验感受,将

体验式教学模式引入到高校体育教育中,能在很大限度上增加学习兴趣,并帮助学生获得良好的学习效果。

(二)体验式教学扩展了高校体育的教学模式

当前我国大多数高校开展的体育运动项目基本上以球类和田径类教育为主,其授课方式也是固定的,教师为学生讲解相关体育安全知识和运动基本规则,在学生进行体育锻炼时发现问题,并针对学生发现的问题进行讲解并给予学生指导,学生按照教师设定的考试要求学习固定的体育内容,完成相关的体育考试。一成不变的体育教学模式不利于体育教育的发展,体验式教学模式作为一种新兴的教学模式,对我国高校的体育教育发展有着巨大的影响力。体验式教学模式还需要经过体育教师和学生的实践和完善,在探索的过程中能够在很大限度上提升体育教育的教学效率,促进体育教学整体水平的提升。体验式教学在提升教学水平的同时也拓宽了体育教学的思路,教师在组织学生参加亲身实践的过程中完成整个教学,在实践中学习相关体育知识,从教学的形式上来讲,体验式教学模式丰富了体育教育的教学方式,拓宽了体育教育的发展道路。

(三)体验式教学有利于培养学生精神品格和心理健康成长

体验式教学模式扩大了学习的范围,使学习的过程不再局限于课堂中,将学习的过程深入到学生实践的整个过程中,扩大了教育的领域。体验式教学模式强调学生的主体参与性,强调学生在教学中的主导地位,让学生在体验中获得感受,在实践中对知识进行探索,以此加强对学生的探索精神和批判总结精神的培养,学生直接参与的学习探索所带来的感受是传统的灌输式教学模式无法比拟的,学生对于通过亲身实践所学习到的知识记忆更加深刻。体验式教学模式为学生营造出一个愉快轻松的学习氛围,调动学生的学习积极性,使学生自主积极地参与到学习的整个过程中来。体验式教学模式可以冲破传统的教学模式的束缚,在不违背教学原则下使学生的自主性得到最大限度地发挥,让学生完成学习目标的同时也为丰富课外活动创造了很多的机会,在丰富的课外活动中进行交流,使学生的自我价值得到最大的体现并且促进学生正确世界观得以完善。体验式教学模式的教学过程中,学生会遇到各种各样的困难,当面临困难时学生的毅力和克服困难的精神得到锻炼,有利于帮助学生形成良好的品格。体验式教学为学生与外界接触和促进同学之间相互交流创造了很多的条件,在与外界接触和同学之间相互交流的过程中,能够帮助学生认识世界从而促进身心健康发展。

三、体验式学习在高校体育教学中的具体运用

(一)科学制定学习目标,注重培养学生的独立意识

体验式培训教学并非绝对的"放飞自我",而是让学生在户外活动中感受体育精神并掌握体育技能。这就要求教师除要拥有过硬的知识储备外,还应掌握策划活动并将需要教授的知识巧妙地融入其中的能力,让学生在活动中思考、提问、参与、学习和成长。要做到这一

点,就要求教师能明确自己每一阶段、每一个课程的教学目标,并做出合理的规划安排。例如,当讲授到野外生存相关课程时,教师可以优先让学生在课堂上自己发言,阐释他们能想到的注意事项,将他们的想法整理分类,并做好准备去野外进行尝试。在这一过程中,教师起到的就是引导者的作用,发挥学生的自主意识。在实际的野外生存过程中,学生的准备如果有漏洞,教师可以进行补救,并在休息的时候适时地进行总结和相关知识的详解以加深其印象;如果学生是通过自己的准备顺利完成了任务,在最后总结时就应表示赞赏并着重表扬表现突出的学生。体验式培训理念的最终目标是培养学生的解决问题的能力,这也是它和传统教育的重要区别。因此在教师传授课程前,不妨先向同学提出课程相关的问题,并由学生自行查阅研究解决,这一过程中教师的作用被隐藏起来,学生的自主学习能力被有效地释放和培养起来;在实际教学中,教师则需对学生依旧无法理解的知识进行简单阐释,并让其在接下来的体验活动中进行实践应用,解决活动中遇到的问题,这样既能加深学生对知识的认识,又能大大提高学生学以致用的能力,从而帮助学生真正掌握知识。

(二)开展体验式体育教学,让学生在体验中提高技能

在体育教学活动中,体验式学习包括精神层面的和身体层面的,想要提高学生对体育运动的兴趣,就需要在理论学习中运用体验式学习情境模式,通过情景模式开展体育教学活动。情景学习主要是在教学过程中创设学习情境模式,例如可以利用多媒体开展情境教学,教师可以在体育教学前播放一些相关的体育视频,如篮球技能教学中,教师可以播放 NBA 体育节目,让学生观察明星在球赛中使用的技能,然后让学生切身感受,教师再对动作进行指导,让学生能够有所感、有所悟、有所获,这样才能提高学生心灵上的感触,增强心灵体验。想要将体验式学习贯彻到体育运动当中,就需要开展多样化的体育项目,让学生在体验中提高技能、感受乐趣。传统体育运动比较单一,就是教会学生基本的动作、要领,让学生按部就班,这样学生就会将体育运动看作是自己的任务,而不能当作一种兴趣爱好去参与。因此,在体验式教学活动中,教师要注意体育项目的多元化,不断创新体育项目,例如在传统体育运动中,乒乓球运动大多都讲究技术,教师多通过竞赛来提高学生技能,这样学生压力就会比较大,这时候教师就可以设置新型乒乓球运动,让学生十人一组开展乒乓球接力赛,十个人排成一队,然后从第一个人开始向后传球,每个人的乒乓球需要通过乒乓球拍弹够十下方能传递到下一个人,看哪一个小队最先完成任务。这个过程不仅能够锻炼学生的平衡能力、运球能力,还能锻炼团队协作能力,能够提高学生们的参与积极性,让学生在体验中感受运动带来的乐趣。

(三)创造体育情景,引导学生对学习进行反思

体验式教学作为一种新型的教学模式其主要特点是注重学生的参与性与师生之间的互动性,高校采用体验式教学模式进行体育教学时,要摒弃传统的教学观念,不可以再继续使用传统的教学场景和教学方法,这就要求体育教师使用多元化的教学方式,调动学生的学习积极性,使学生对体验式教学模式有一个全新的认识。在体育教学过程中,让学生加入到体

验中是一个非常重要的教学方法,通过具体的情景设定,让学生参与到体育教学的特定情景中获得一种身临其境的真实体验,从而调动学生的学习积极性增加学生的参与度,从而使体验式教学发挥其最大教育价值。体验式教学强调学生在教学中的主体性和参与体育活动的积极性,教师只是作为引导学生参加体育活动的向导,教师的重点任务在于引导学生参与到体育活动中,调动学生的积极性。无论什么形式的教学方式,最终目的都是帮助学生理解和掌握知识。体验式教学模式是通过教师的讲解让学生对知识有了进一步的认识后,再深入到实践中,在实践中获得思考,在实践中对学习的意义进行反思,通过反思加深知识的记忆,提高学习效果。体验式教学模式实际上是让学生对已经亲身体验过的事物产生连续的思考,在思考的过程中将各个问题联系到一起,最后运用思维对所有感受到的事物再进行反思,在特定的情景中,将所有的事物记忆。在学生进行反思的过程中,是离不开教师的引导的,由于学生的知识储备和经验有限,所以教师应该在合适的时机给予适当的引导,从而激发学生的思维。

(四)优化体育教育资源,创造良好体育体验式教学条件

体育教育资源是体育课教学开展的基础保证。合理的课程安排、优良的教学场地,充足的体育器械,专业的体育教育工作者是体育体验式教学开展的基础条件。首先要有足够的体育课时,合理安排班级课程表,保证学生锻炼的时间以及上课班级数量,不要出现同一时段上课班级过多,影响教学效果。其次是要有良好安全的教学场地以及充足的教学器材,这样才能吸引学生主动参与,才能保证学生的练习量和熟练限度;最后是专业的体育教师,只有熟练掌握各项体育技能及教学方法、懂得安全保护的专业体育工作者才能吸引学生主动参与,帮助学生形成良好的体育态度,养成良好的体育习惯,为学生的终身体育奠定良好的基础。此外,还应该转变体育教育工作者的地位。在教育的范畴内,体育并没有被视作教育的资源和手段,最多只是充当为教育工作锦上添花的道具,而在体育的话语体系中,学校体育的价值一直没有被正确估量。体育的育人功能被忽视,体育教育在学校教育中一直处于边缘化地位,体育教育工作者的待遇也相应较低。学校体育教育的发展应定位为"以体育人",将体育与教育统一,充分认识体育的教育功能,将体育教育纳入学校教育体系重点工作中,提高体育教育工作者的地位,合理安排体育教育工作者的工作任务,公平分配教师待遇及各项评优评先名额,公平对待职称评定考核。从而促使体育教育工作者积极投入到体育教学工作中,提高其工作热情,认真努力做好体育教学工作,将体育教育的意义价值负责任的传达到学生中去,为学生的体育态度,终身体育意识奠定基础,为我们民族的未来奠定希望。

总之,体验式教学以生为本,重在通过调动学生积极性,不断提高学生学习能力。从体验式教学方法在体育教学课堂的应用效果分析,体验式教学方法非常适用于高校体育教学,为此,相关教师在有效的分析与实践过程中,应该进行有效尝试,以不断提高高校体育教学质量。

第五节 高校体育教学中互动式教学法的应用

互动教学法指的是,在高校体育教学的过程中,教师按照学生的体育兴趣、体育基础能力水平、学生的潜能等,有目的地与学生按照某一个或者综合的因素进行互动,通过教师在不同的学生之间的互动,能够更好地实施教学内容和教学方法,每个学生在与教师、同学互动的过程和条件下,能够实现体育学习效果最大限度上的提升和掌握。互动教学是加强师生间交流的平台,运用这一方法能够有效地提升学生的学习效率,避免教师教学脱离学生这一现象的发生。

一、互动式教学的内涵

互动式教学是通过营造多边互动的教学环境,在教学双方有效的平等交流与探讨的过程中,实现彼此间不同观点的有机碰撞与相互交融,进而激发教学双方的主动性和探索性,达成提高教学效果的目的。同时,互动式教学有利于构建新型的师生关系,在教学过程中注重对学生主体地位的凸现,是一种充分体现"以人为本"的、具有创新理念的教学方法。互动式教学是当代教育民主化在教学方法改革方面的重要体现,在此教学情境中,师与生双方以各自不同的身份,遵循一定的规则与规范,这些规则与规范是师生双方共同接受、共同认可的。在这些规则与规范的影响与导向下,师生双方在教学过程中进行着彼此相关、相互作用的物质与精神的交换和传导的活动。在这种过程中传导的包括物与非物、言语与非言语的、理解与解释、领悟与说明等环节和方面。具体而言,就是师生双方在教学活动过程中共同构建起的教与学的情境。教与学是教学体系的基本构成因素,其相互间的关系问题是教学的本质问题,同时也是教学领域中起主导作用的理论问题。正确处理好两者之间的关系,是推进教学发展进程、提高教学效果的重要保障。互动式教学将教学的本质定位为交往,而交往的实施要建立在师生间相互尊重、平等和谐的基础上。

二、互动式体育教学的基本特征

(一)互动过程遵循秩序化原则

在教学过程中互动的实质是师生之间、生生之间在情感、行为、思想以及个性特征等诸多方面的碰撞、融合、互补、创新、发展的过程,是建立在民主平等基础上的交流、合作、竞争以及对成功的共同体验与共享。因此,这种互动要遵循循序渐进的发展规律,并在此规律的规范与引导下,有节奏、分层次地进行。

(二)互动空间具有开放性

体育教学自身具有开放性的特征,而互动式教学是一种开放式的教学方法,有效地打破了传统教学模式的束缚,从教学理念、教学方法、教学的组织形式以及教学内容的择用等方面,向着自主、开放的方向发展,整个教学过程呈现出动态的开放。首先表现为学生根据自身发展的需求进行自主的择师、自由选项;其次,在教学过程中,学生自主组建学习小组,以利于彼此间的交流以及研讨;再次,在教学过程中,教师处于引导与辅助的地位,更加有利于对学生学习动态的掌握,便于给予及时的修正与调控;最后,在教学过程中,鼓励与支持学生个性的张扬与发展,为学生的成长提供更为广阔的发展空间。

(三)灵活多变的教学组织形式

互动式教学最为基本的教学形式是组建学习小组,进行有目的性的研究与探讨。在此过程中,教师根据教学内容的需求,创设各种教学情境,进行形式多样的情景模拟、体验交流以及认知讨论等活动,从而促进学生更为深入、透彻地理解和掌握教学内容。另外,互动式教学还可以采取组间竞技、个性化意见的交流、团队合作等教学形式,来培养与提高学生的表述能力、沟通能力、交流能力和团体合作等能力,进而强化学生对体育教学内涵的感悟,对自身发展的追求。

三、高校体育教学互动教学方法的意义

(一)互动教学法有利于教师更好地了解学生

在高校体育教学实施的过程中,互动教学更符合学生身心发展过程中存在的个别差异,能够体现体育教师对学生充分的尊重、了解学生的体育兴趣以及现有体育基础水平的差异。互动教学方法是通过教师对学生的体育兴趣、体育需求进行调查和访谈,遵循健康第一的指导思想来实施体育教学,根据不同学生的特点来寻找体育教学与学生发展的契合点,从而以主动、和谐的师生关系来保障体育教学目标的实现,促进学生综合能力的发展。

(二)互动教学法能够更好地实现全体学生的发展

互动教学作为提升体育教学效率的途径,对学生的综合素质发展有着重要的现实意义。在高校体育教学过程中,教师根据民主、和谐体育课堂构建的原则,从学生的实际状况出发对学生进行横向和纵向的了解,并且在面向多数的前提下同时考虑到少数,处理好个别教学与集体教学的关系,对不同的学生提出不同的要求,以实现全体学生身心素质的发展,高校体育教学目标和高等教育培养目标的达成,构建良好的课堂教学和师生交流的空间。

(三)互动教学法的使用更好地体现素质教育理念

在高等教育体育教学实施过程中,体育教师在进行教学目标确定的时候,首先要构建良好的师生关系,而良好的师生关系的确立需要加强互动,也就是从适应学生"学"的角度来进行教,这样就能将学生的主体作用充分调动发挥出来,使他们得到激励、主动学习,达到教学成功的目的。高校体育教学中的互动教学是素质教育理念在体育教学中的实施,高校体育

教学的互动内容包括：教师与学生这一主导和主体的互动，学生与学生的互动、师生与教学内容的互动、师生与教学环境设施的互动等。从系统观点出发，构建良好的互动教学，是实现素质教育理念的基础。

四、高校体育教学中互动教学法的应用策略

（一）做好学生体育需求等内容的调研

在高校体育教学工作开展之前，体育教师首先要对全班学生的体育兴趣等情况进行调查摸底，一般是通过体育课堂表现、信息反馈以及结合访谈等方法，对学生的体育差异做好调查和了解。还要对学生的家庭环境、心理、智能以及在校表现等情况进行详细了解。然后将每个学生的数据资料都分别进行分类归档和综合分析。根据分析的结果将学生划分成中下、中上两个层次的学习小组，同时让大家对每个学生在某一阶段所处的层次做到心中有数。在互动教学的过程中由于学生的个性差异比较大，教师必须发挥主导的作用，通过了解他们的能力、知识基础及心理特征针对性地开展教学。教师的教学安排要根据学生的信息反馈，对不同的对象加以区别，并及时地进行灵活的调控，从而使所有的学生都能得到帮助，并且都能在原有的基础上取得发展和进步。互动教学的基础是了解学生的各种需求，为其实施提供条件。

（二）以教学目标的设置为依据开展互动教学

随着体育教学改革的实施，在高校体育教学中需要以学生发展为理念，进行不同教学目标的设置。在素质教育理念和体育健康课程实施标准的双重引领下，对体育教材的知识结构以及学生的体育能力进行分析，然后制定出科学的体育教学目标。教学目标的设定不能实行"一刀切"，对于体育基础和身体素质中下层次的学生一定要采用由浅入深、先慢后快、密台阶、低起点、循序渐进的方法，而且要在体育学习内容的训练总目标基础上，设定一系列有梯度的连贯分目标，根据他们实际情况的不同，可以分一步或多步来实现考纲的要求；对于中上的学生则可以允许他们超进度的学习，互动教学是体育教学目标设置的体现和促成。

（三）尊重学生的学习需求和体育能力

学生作为能动的个体，教学目标的划分，除了老师的指导外，还要让学生对自己的水平进行自主分析，自己选择层次，充分尊重学生的意愿，并且还要注意保护差生的自尊，同时防止优等生出现自大心理。层次划分后并不是固定不变的，明显进步后层次可以向上提升，若出现后退的学生则先进行鼓励提醒，实在跟不上就要降低层次。通过创设这些问题情境，让学生独立地对还不了解的方法、定理、规律等进行不断探索和发现，绝不是将教师现成的知识技能"填鸭式"机械地传授给学生。问题情境的设定一定要能将学生追求成功的欲望激发出来，而且引导他们独立、主动进行思考。体育教师在上体育课之前，一定要结合各层次学

生的实际情况从教学方法、教学内容、教学步骤、教学要求、教学时间以及教学实验等方面进行备课。在课堂教学中必须改变授课的形式,在同一节课中不仅要有面向全体同学的"整合"环节,也必须有针对学困生和优生的"分层"环节,"整合"但不能死板,"分层"而不要分散。正常教学程序的预习、巩固、质疑、新授、辅导、小结必须要自然融进,而且对于各层次间的教学矛盾也要妥善的解决,对于学生的学习要求要做到因材施教。

（四）强调体育教学方法的创新

对于学生的练习必须分课外、课内两种类型。对于课内练习需要教师设置不同的练习和掌握目标,全班学生分成不同水平的练习小组,教师做巡回指导和帮助。对于在练习过程中出现的超于练习要求和跟不上练习要求的情况,教师要做好机动的调整,避免因为练习的枯燥而影响了学生的体育学习兴趣。在教学评价运用的过程中,教师要将每个小组学生练习的整体状况和个人练习的状况结合在一起进行评价,要多使用鼓励性和表扬的语言对学生的体育学习进行评价,通过分组练习促进学生自信心的提升,实现学生兴趣和能力的双重提升。

（五）优化体育教学环境

在高校体育教学实施的过程中,体育教学环境是实现体育教学目标、促进学生身心发展的基础条件。体育教学环境包括体育教学的自然环境、体育教学的社会环境、体育教学物质环境等,加强体育教学环境的优化,即通过提高体育教学自然环境的绿色化,制定有利于体育教学的制度,创建安全、丰富的场地设施等。良好的体育教学环境能够激发学生的体育兴趣,促进大学生身心发展的有效度。

通过上述研究,大学生作为高校体育教学实施的主体,在互动教学法的实施过程中,需要体育教师从学生的体育兴趣等实际出发,面向学生的差异,以整体教学目标的达成为原则,在构建良好教学环境的前提下,不断培养学生学习的兴趣及自觉进取的愿望。互动教学的实施是高校体育课堂民主师生关系、和谐交往的过程。学校和体育教师要从学生发展、环境优化、民主实施、科学评价的角度出发,提升学校体育教学的互动限度,为高校人才的培养提高质量。

第六节　体育课程改革背景下高校体育教学方法创新策略研究

体育运动是增强人体质的重要途径,在我国教育学习强度较高的状况下,学生的体质相对较低,很多学生由于学习压力大,学习时间紧,几乎没有时间参加一些体育锻炼,导致处于学习阶段的学生身体状况不佳,同时没有坚强的意志,这对我国社会文明建设起到了阻碍作用。在常规体育教学下,学生参与度较低,究其缘由主要是由于教学方法不当。在这样的背景下,我国教育领域提出了体育课程改革的决策。针对这一决策本文展开了相应研究,具有很大的现实意义。

一、体育课程改革背景下创新高校体育教学的意义

在体育课程改革后,传统的体育教学应适当作出改变。这是由于体育改革中淡化了竞技运动陈旧的教学模式,树立了健康第一的教学指导思想,重视体育课程教学的功能开发,进而增强体育课程的综合性。在新型的体育课程当中能激发学生的运动兴趣,辅助学生树立终身体育的观念。不同的体育课程和锻炼项目能培养学生坚强意志,通过这样的方式能提高学生的社会适应与交往能力。这是由于团队竞争形式的运动项目,能提升学生团结协作的意识,同时在竞争的环境下能提升学生的忧患意识。体育课程改革后,教学开展中注重以人为本,同时关注个体差异与不同需求,确保每一个学生在此过程中收到正能量信息,这对学生的成长与发展都具有重要意义。此外,改革的标准注重体育课程资源的开发,这对丰富体育课程形式起到积极作用,对体育教育的创新有益无害。

二、目前高校体育教学中存在的问题

(一)教育方法单一

当前,由于受到传统的教育观念和思想的影响制约,很多高校的体育教师在开展教学活动的过程中,往往存在着教学方法比较单一的问题。在教学活动的过程中,依然以把体育技术传授给学生为主要教育目的,在教学方法上依然表现为讲解、示范、练习等传统的方式。在这样的教学模式下,高校体育课程的教学效果可想而知,自然不会太高。事实上,传统的体育教学方法已经逐渐落后,开始存在着这样那样的不足。我们必须清楚地认识到,面对新的形势,高校体育教育的目标和形式已经发生了改变,原来那种传统的教学方法和教学形式已经不再适应新形势下的高校体育教学的要求。因此,广大高校体育教师的思想观念必须得到进一步的转变,要在继承发扬传统体育教育模式长处的前提下,不断创新高校体育教学的方式,更好地为高校体育教学的开展和学生身心的全面健康服务。

(二)实际效果不明显

如今的高校体育课的教学纲要,其实主要来自于对原有体育课的深化与改革。所以创新必然是高校体育课程的重点内容和任务。我们了解到,由于传统的体育教学把规范化技能教学作为唯一的任务,所以很多教师都会选择学生可以在短时间内就能掌握的技能来开展教学。还有的教师在教学中过于追求技能的传授,对学生准确地完成体育动作和掌握体

育技能过于重视,而忽视了学生观察、创新和自学的能力,这就使高校体育教学的目标发生了偏差,使得学生的学习效果不够理想。

此外,有很多体育教师在开展体育教学的过程中,立足于创新的基础之上,采取了很多非常有效的教学方式和手段,对高校体育教学方法的改革产生了重要的推动作用。但是同时也有很多的高校体育教师过分强调课程的形式,在教学的过程中却没有注重到课程的实际效果,导致教学的实际效果并不明显,甚至有的教师为了彰显全新的教学理念,而在课堂中运用了一些高科技的体育教学,这样虽然能让学生们觉得耳目一新,但是由于操作不便,可一而不可再的缘故,实际效果也大打折扣。

(三)学生自我学习意识不强

由于传统意识的原因,很多高校体育教师在教学过程中习惯以教为主的教学模式。这种教学模式虽然在某些环节上有一定的效果,然而在培养学生主动学习、积极创新等方面存在着很大的不足。直到今天,这样老旧的教学模式依然随处可见,在这样的教学方法下,教师只会倾向于"大锅饭"式的教学,对学生的个体差异不够重视。然而事实证明,学生的个性特征既是他们心理健康发展的需要,也是现代社会中人才素质的基本要求。所以高校体育教师应该针对不同的学生的实际情况,给予支持和鼓励。

三、影响创新的原因

(一)教师素质的原因

高校体育教师在教学素质上的高低,是影响体育教学创新的重要因素。学生固然是高校体育教学活动中创新的主体,但是作为调动学生积极性和帮助指导学生发挥自己能力的引领者,教师的作用依然是不可忽视的。教师能力的高低,直接对学生的创造能力是否得到充分发挥造成了影响,所以高校体育教师必须善于指导和帮助学生学习,善于掌握学生的学习与心理情况,不断诱导学生自身潜在的想象力和创造力,最终实现对体育教学方法的创新。当前,我国大部分高校在体育教学方面方法比较单一,体育教师的教学素质和教学理论不足,致使很多学生对体育教学活动的兴趣不高,创造想象力逐渐下降。针对这种情况,教师要给学生留出广阔的学习和参与体育活动的空间,使学生根据自己的爱好选择参与体育活动,这样才有利于发挥和培养学生在体育教学活动方面的想象力和创造力。

(二)学生自身的原因

影响高校体育在教学方法上有所创新最主要的因素是学生自身。学生对体育活动参与的积极度,对某些体育活动的水平和兴趣,对体育活动是否有想象力等,都直接影响着高校体育教学活动的实际效果。就算学生拥有再好的天赋,如果不去积极地参与体育活动,那么其天赋也不会在高校体育教学中得到发展。

其中学生对体育活动的兴趣是关键的一点,兴趣不仅是学生参加体育活动的动机,也是学生能够积极学习并进行创新的重要前提。如果学生对体育活动的兴趣得到了激发,那么就会全神贯注地进行学习和锻炼,其意志力就能够得到提高。如果在高校体育教学活动中学生善于思考,其能力就会在某些具体情况下表现出来,就会不断地出现新的形象和思维。

四、体育课程改革背景下创新高校体育教学方法途径探析

（一）丰富体育教学开展形式

在体育教育教学改革背景下应注重对体育教学形式的创新,这样才能激发出学生参与体育教学课程的积极性。例如,在热身环节,教师可以将音乐融入其中,通过音乐节奏的刺激,赶走由于热身给学生带来的疲劳感,同时在伸展运动环节中,教师可以播放一些舒缓类的音乐,让学生在美好音乐的熏染下放松身心,从生理上和心理上减轻热身带来的疲劳感,这样更容易接受教师后续讲解的知识。此外,教师不仅要将室内环境下适合的运动项目融入教学课程中,同时还应增加室外的运动,例如户外攀岩类型的体育运动,这样能让学生在视野开阔的环境下进行运动,同时这样的运动能增强学生的体力,锻炼其坚强的意志,更重要的是能激发学生参与的兴趣,这对学生未来养成长期运动的良好习惯具有重要意义和作用。

（二）加快高校体育教师队伍的建设

教师是体育教学开展的主导者,与其他文化课程开展形式不同,体育课程的开展需要教师的充分指导,才能保障学生在相对安全的环境下对一些知识进行学习,不论是从增强体育课程教学效果的角度或是创新体育课程教学形式的角度,高校体育教师队伍建设发挥的作用是毋庸置疑的。在实际操作中,学校可以聘用优秀省级或者国家级的教练员做全职（或兼职）的体育教师,这样不仅能指导学生按照标准的方式进行运动,同时鉴于其经验,能为学生提供多种有效的学习方式。另外,可以在本校中对在职体育教师进行培养,注重体育教师队伍的质量和数量,这样能为学生提供优质的体育教学服务。针对固有体育教师培训的方式和流程是:理论学习—实践课程演练—借鉴学习。在理论学习过程中,学校要聘请优秀和权威的体育教学人员,对不同体育运动项目的侧重点进行详细讲解,然后教师应针对各种类型的运动项目制定创新的开展方式,通过相互评价和学习来不断完善新型的体育教学方式与方法。

（三）制定规范化的体育运动安全防护体系

为了增加学生运动体验次数和安全系数,应对运动安全管理内容进行规范。通过对不同环境下运动安全管理机制的细致管理,保障学生运动在安全和有序的环境下开展。在此之后,要细化高校开展各项体育运动项目的安全防范措施。不同的运动类型应制定相配套

的应急措施,教师要在开展新型体育运动之前进行演练,这样才能在一定限度上保障学生的生命安全。第一,应聘请专业的项目运动员和教练员对安全防范的知识进行讲解,要让学生和教师明确体育运动的安全防范要点,进而保障学生在突发状况下能实施一些自救的措施。第二,应组织应急救援小组,在高校开展新型体育运动之前,应急小组应时刻准备安全救助工作的开展。此外,学校还应准备充分的安全器材与紧急救助药箱,以备不时之需。

第五章 高校体育教学模式的理论与实践

第一节 高校体育教学模式现状及其发展趋势

进入新世纪以来,随着我国高等教育改革的不断推进,高校体育教学模式也成为研究者研究高校体育教学的热点问题之一,被给予了较大的关注。因此探讨当前我国高校体育教学模式的现状,并在此基础上分析我国高校体育教学模式的发展趋势。符合当前我国高校体育教学改革的理论需要和实践需要。

一、体育教学模式的基本概念

高校体育教学模式是在高校体育教学理论和教学思想的指导下,在体育教学实践中形成的相对稳定的教学活动的一套相对标准化的结构模式,是体育教学理论和体育教学实践的桥梁。其具有明确的指向性、操作性、完整性、稳定性及开放性等特点,由现代体育教学思想、体育教学目标、实际的操作程序、实现条件如教学内容、教学手段、教学环境等以及教学评价几个部分组成,是实现高校体育教学目标的重要载体。

二、当前我国高校体育教学模式的现状

(一)当前我国高校体育教学的基本模式

我国高校体育教学在长期的发展过程中逐渐形成了多元化的教学模式,各种教学模式在高校体育教学中发挥了巨大的作用,当前我国高校体育教学中使用的较为普遍的教学模式主要有以下几种。

1."三基型"模式

"三基型"体育教学模式是我国高校体育教学的传统教学模式之一,在我国高校体育教学中拥有较为悠久的历史,所谓"三基"型教学模式即体育教学过程中注重对学生进行基本的体育知识、基本技术和基本技能的培养,以班级为单位进行授课。教师的主导作用得以充分发挥,学生能够获得较为扎实的体育知识并获得相应的体育技能,有利于体育教学活动的有效开展,但是其缺陷也是十分明显的,那就是学生在教学活动过程中的主体性地位被严重忽视,学生的学习热情和积极性不高。随着我国高校体育教学改革中对学生主体性地位的重新认识和重视,这种教学模式事实上已经退出了我国高校体育教学的日常教学模式了。

2."三段式"模式

这种教学模式是为了克服三基型教学模式的弊端而发展起来的,其主要将大学阶段的体育教学分为基础课、核心课以及专业选修课三阶段,并且在一年级、二年级和三四年级分别进行,这就一定限度上对学生的主体性地位予以了尊重,既重视了学生基本的体育知识的传授,又在此基础上培养学生的体育技能以及良好的体育习惯及能力等,但是其本质上仍然是"三基型"的升级版,并未从根本上对学生学习的主体性予以尊重和重视,目前仍然是高校体育教学的"主力"。

3."一体化"模式

这一模式是近年来出现的新的体育教学模式,其主要目标是通过高校体育课程培养学生良好的体育意识、体育习惯。将学生的日常体育活动如早操、课间操以及体育课堂等联系起来,是一种较为理想的教学模式,但是其对于教师的要求较高,尤其是对体育教师进行教学组织、课堂管理的要求过高,使得教师的教学任务过重,在实际中难以真正开展实施。

4."并列型"模式

这种模式主要是打破以往高校体育教学中将基础课程和选修课程按年级分开进行的做法,而是将这两种课程在一年级和二年级分开进行,其有助于大大提高学生对体育教学的热情和积极性,有助于课堂质量的提高,能够有效开展因材施教的体育教学,但是却在一定限度上忽视了学生基本的体育知识和技能的养成,在高校体育教学中的最基础的教学目标上难以达标。

5."俱乐部"模式

这种教学模式是当前少数高校在体育教学中使用的教学模式,其在"终身教育"思想的指导下,由学生按照兴趣或者特长来选择不同的"体育俱乐部",各个俱乐部在教师的指导下独自开展活动,最后由教师分别进行评定,这种模式无疑有利于提高学生对体育课堂的热情和积极性,对学生养成基本的体育技能、体育意识和良好的体育习惯等大有裨益,同时还可大大促进学生之间的交际和社会性发展,可以说是一种最理想的体育教学模式,但是目前这种教学模式还处于"试验"阶段,其教学模式、组织形式、评定方式等还未有统一定论,同时其对教师的组织、管理以及教学设施等多有较高的要求,在我国大部分普通高校中较难顺利开展。

(二)当前我国高校体育教学模式的基本现状

1.高校体育教学模式在各种内外力的推动下需要适时进行改进

随着我国高等教育改革实施的不断深入,高校体育教学的改革也已进入到新的阶段,各种新的教学思想、教学理论纷纷进入到高校体育教学中,推动着作为体育教学的重要载体的体育教学模式进行不断的改革,同时,高校体育教学发展过程中的存在的问题、学生对体育教学质量的新的要求等也都不断对高校体育教学模式的改革施加着新的动力,这些都使得高校体育教学模式必须加快改革步伐,以对新的改革要求做出积极回应。

2. 高校体育教学模式存在多样化,并将在一定时期内继续存在

从以上分析可以看到,当前我国高校体育教学模式存在着多样化,体育教学中存在着多种教学模式,这主要是由我国高校众多,高校层次、种类等的不同造成的,随着我国高校体育教学模式的改革步伐的不断推进,高校体育教学模式也将快速走向科学化。但是这种多元化的教学模式格局仍将长期存在,高校体育教学模式的探索道路依然漫长。

三、我国高校体育教学模式的发展趋势

（一）培养大学生的体育健康意识

现阶段,生活水平虽然大大提高,可是国民的身体素质却在下降,我国已经提出了"全民健身"的口号。国民对于健康生活的向往愈演愈烈,因此对于体育运动也越来越重视,然而,不科学不合理的体育运动反而会损害人民的健康。所以,体育教师在上课的过程中一定要依据每位学生的不同身体素质进行教学,使得体育运动符合学习的实际情况,从而促进大学生身体素质的提高。除此之外,在体育教学过程中,体育教师还要重视学生的心理健康,对大学生进行适当的成功教育与挫折教育,提高大学生的心理承受能力,不仅使其身心能够健康发展,还能够适合国家发展的需求。

（二）创新教学理念

教学改革,理念先行。一方面我们要积极学习新的教学理念,把新的教学理念学懂、弄通、用好。另一方面,我们要切实认识到旧的教学理念的弊端给学生带来的伤害。特别是要摒弃"填鸭式"、一刀切、满堂灌的教学方式,积极采用学生主体、教师主导、因材施教、探究学习等新的教学方法,努力调动学生自身学习的积极性、主动性,使素质教育提倡的面向全体学生,促进学生全面发展的教学理念落到实处。

（三）创新教学手段、方法

现代化教学手段有利于激发学生的学习兴趣,提高学生学习效率,电教化的学习手段在现代化的今天应该被充分利用起来,更直观形象的体育运动技术的学习、精彩赛事的播放更有利于学生欣赏体育水平的提高。教学方法应该与时俱进,教师应该采用培养学生能力的教学方法。发现法就是其中的一种,在教师循循善诱的情况下使学生主动思考,教师再给出答案,不能把现成的答案直接告诉学生。另外还有小组合作学习法。教师把一个班的学生分成几个小组,在分组练习环节学生在小组长的安排下自主练习、互相讨论、互相学习、互相帮助,既调动了学生自身学习的主动性,又培养了学生发散思维,从而潜移默化地培养学生创新能力。

（四）适当融入娱乐体育的观念

体育运动现阶段正如火如荼地发展,而体育运动的娱乐功能逐渐显示出来,并且体育运

动也逐渐地融入普通家庭生活当中。现在体育运动不仅仅能够强身健体,还可以娱乐身心,这表明国民对于体育运动的认识在逐渐地深入并趋于理性。高校体育课程也可以跟随时代潮流的发展,除了传统的体育项目如田径、球类运动之外,体育教师还可以在体育课堂中加入新的体育项目,丰富高校体育课堂的内容,促进大学生的全面发展。

(五)高校体育教学评价要注重科学与民主

进行高校体育教学改革,不仅仅要改革教学内容和教学方法,还要改革教学评价。新的高校体育教学评价要充分重视大学生的主体地位,降低结果性评价的比重,要增加教学过程中的评价的比例。除此之外,评价标准不可以一刀切,要依据不同年龄、不同学科、不同身体素质等具体特点去选择不同的评价方法。

综上所述,高校体育教学对于大学生的身心健康发展起着非常重要的作用,因此高校体育教师必须要重视现阶段我国高校体育教学模式中出现的问题,发现问题并解决问题,促进我国高校体育教学的健康发展,促进大学生的身心健康。

第二节 高校体育教学模式要素及整体优化

高校体育教学模式是指在一定的教学思想或教学理论指导下,建立起来的较为稳定的体育教学活动结构与活动程序。旨在通过一定限度的体育专业性学习,建立基础且较为完备的体育认识体系,在课余生活中健身娱乐、怡情修身,以达到培养德、智、体、美、劳全面兼顾、完备发展的全能型人才。只有明确体育教学模式中的3大要素,即教学指导思想、教学过程结构、教学方法体系,并逐步改革再创新,使其更为契合时代发展要求,各个环节不断巩固加强,环环相扣,才能使之全面优化,更加符合当今教育主题。

一、高校体育教学模式的三大要素

(一)教学指导思想

教学实施的主体对象是学生,应秉持以生为本的原则,将学生个人能力的稳固提升和长期可持续发展放在第一要义,以塑造新时期新型全能型人才为教育最终目的。贯彻素质教育和终身教育,以终身教育为标杆,将教育伴随终生;以素质教育为主题,将教育落实到实处,并以德、智、体、美、劳多元化要素辅助,促进学生身心素质全面发展。纵观中国长期体育教育状况,真正实现教育素质化和终身化的例子少之又少,归根结底还是传统观念难以扭转。长期处于重视文化教育、轻视文体艺术培养的环境,不仅是家长,就连教育的施行者体育教师也在意识层次弱化了体育教育的重视程度,使得学生知识的获取缺乏完备性和全面性,单一被动地接受文化知识,而并非出于学生的个人意愿选择知识能力的诉求。在身心全面发展阶段,接受畸形且功利化的教育将会阻碍个人能力的全面提升与天赋的发掘,出现能力发展的短板，不利于个人能力长期稳定的发展与提升。作为体育教学中的骨架，构造一个合理且牢固的框架，树立积极的指导思想，是体育教育在新时期新阶段中贯彻实行的先决要素。

（二）教学过程结构

受到天气及场地等诸多不确定因素的影响，在体育教育中时常出现意外，严重影响了教学计划的有效实施。而这些不可预测性因素的影响，恰好考验了教师个人的应变性和灵活度，使得教师与学生的默契配合与相互尊重显得尤为重要。这也从另一方面说明，体育教育急需更多的关注度和投入效力，需要学校硬件设施的进一步投资与加强，把更为完善的体育教学设施投入教学活动中，以应对不确定的突发性状况，对教师应对能力的提升也同样需要高要求的素质培养。相比于一般的学术性教育，体育教育更多的是学生的实际参与度，是一种更加直观的可变性过程，其结构的合理性与否体现在学生能否适应教学节奏与模式，以最大限度地实现教学目标。与专业的竞技体育训练目的不同，高校体育课程的开设旨在锻炼身体，促进学生身心健康与文化学习同步提升。通过贯彻健康第一的理念，激发学生的运动热情，丰富业余生活，达到终身体育的健康意识。教学结构作为体育教育的核心，将教学指导理念与实际情况相结合，形成多元化、高效化的课程结构，以谋求终身体育意识的发展，是实现整体优化的核心任务。

（三）教学方法体系

有了以指导思想为筋骨，过程结构为骨肉，急需的就是以高质量高效力的教学方法体系为灵魂。三行合一，贯彻落实对体育教学模式的系统性全面优化。与拘束在单一教学空间的传统知识函授相比，体育教育有更多的可操作性与灵活性。不受单一人员和场地的限制，体育教学有更加丰富的教学内容与更加广阔的教学空间。从田赛到径赛、从排球到网球，风格迥异的体育项目为体育教学提供了丰富的教材实例，也让学生有了更多主观选择权与教学参与度。内容的可操控性更有利于激发学生的学习兴趣，根据自身能力的发展和身体素质的不同，有选择、有需求的学习，因人而异、因材施教，多元化的教学体系促进自身的个性发展，使每一个学生都拥有自身的独特性，成就鲜活而不可替代的个体。教师还可以根据所处地域的区域特色，因地制宜，创建具有地域特色的独到的教学活动，让学生在亲身经历中更加有融入感，积极配合教师的教学。只有通过高质量的课堂教学，学生与教师的默契配合与相互协调才能使得课堂效率提高，达到事半功倍的效果。高效课堂的塑造离不开教学方法的引导，因此，切实寻求一种高效率、高参与度的教学体系至关重要。

二、体育教学模式整体优化的原则

（一）整体性原则

体育教学模式的整体优化，其整体性原则是将体育教学模式看作一个系统，它由纵横两个轴向构成,纵向是由学年、学期、学段、单元和课时组成;横向是由实现教学的手段、方法组成,教师在进行课堂设计时,要通过调动学生的积极性来调度和操作课堂,对体育教学的大环境做一个具体的、整体的判断和分析,这是体育教学模式的整体优化中整体性原则的体现。

(二)关联性原则

1. 教学目标和学生接受限度相匹配

学生能够理解和接受教师在教学目标设定中的高度和梯度,并能够按照教学方案实施进行,这就是有效的可以达到的教学目标。反之,有五成及以上的学生未能达标,教学目标就应该被重新设定或更换。

2. 教学条件的利用限度和学生训练达标层次的相关性

体育教学在已有条件的利用上,总有具体条件的限制,例如,器材的陈旧,场地的不足,可利用器材和人数上的不成比例,都让教师在教学条件利用和开发上要兼顾实际情况和教学目标的平衡。

3. 在教学中,对学生情况的检测和体能、体质的分配

体育教学和其他课堂教学的最大不同,除了应有的理论教学外,它还有大量的运动技能学习,这是需要学生绝对参与并亲自练习的动态式教学。

(三)综合性原则

体育教学模式的整体优化在关联性中对局部因素进行关系分解和比重考核后,在教学结果的评测阶段要注意综合性原则的应用。检测教学结果的有效方式就是测试。教师要对每一次总结出来的未达标因素进行收集、归类,通过课堂外的研究分析,寻找解决的方法,并将方法再次投入课堂教学训练中,化为教学手段。

三、高校体育教学模式整体优化的策略

经济发展伴随着社会文化生活的改变,影射到衣、食、住、行、求职就业等日常生活中的方方面面。日新月异的变化使得传统教学模式受到严重的时代冲击,也迫使教育界正视日渐凸显的教育模式整体优化问题,长期处于不被重视状态的体育教育模式的整体优化也被提上日程,并成为改革的核心与重点。分析高校体育教学模式的要素组成、如何对教育模式进行整体优化以求达到教育实践活动与社会发展相接轨是任重而道远的时代使命。

(一)教学观念再造

在传统的意识观念里,很多人理所当然地认为学生除了学习知识以外,无须参与其他与考试无关的事情。这种急功近利的思想使得学习的风气过于浮躁,无形中营造了体育无用论的教育大环境,导致大多数学生体育基础薄弱、身体素质不达标等诸多问题的出现。在当今高速发展的信息化时代,这种教育理念与时代进程的矛盾日趋激烈,引发了教育界的严重

反思，只有铲除思想里根深蒂固的偏见和毒瘤，才能真正从精神层面对体育教育加以重视和关怀。学校作为人才培养的摇篮，是思想改造的第一道阵线，而作为整体运行决策者的学校领导人，其肩上的责任不言而喻。观念再造的第一步就是整顿风气，领导者应当通过亲身实践活动来带动学生的参与积极性，以身作则说明运动的重要性，从而使得整个学校都充满积极投身运动新浪潮的热情。其次就是改正部分教师思想误区，在长期消极懈怠的工作环境中，很多体育教师都消弭了工作热情，毫无工作建树可言，教师自身的不自信会严重影响学生的积极性，而想要阻止负能量的扩散，则需要在教师思想根源上下功夫。这就需要通过一系列教师动员会和举办大型的校内体育竞赛活动，让教师看到学校改革举措的决心，进而坚定不移地完成体育教学任务。最终，学生和教师两方面均得到良好的塑新，新型教学观念植入教学日常中，体育教学活动得以良好进行。

（二）教学结构合理化

因为长期处于劣势地位，体育教学中存在着教学设施落后老化、教学场地受限等诸多不利因素。硬件设施的不到位使得教师课堂教学表现平平，长期拘泥于某种单一化教学模式，体育教学的多元性与可变性等学科属性得不到生动体现。该问题的解决需要学校投入更多的人力和物力，只有重视度上去了，才能解决配套设施不到位的问题。除硬件设施这类客观问题外，教师个人能力的体现也格外重要。教师在教学中要秉承以学生为主的观念，通过积极地引导，实现学生个人主观意识的最大化发展，让学生成为自己课堂的主人和领导者。学生是一类有个性化需求的群体，教师除了面向每一个学生的学习需求外，更多的是尊重每一个个体间的差异，进行个性化教学和引导，满足每一个个体的能力培养要求。为避免教学结构的单一化和强制化，充分发挥个人所长，可根据学生的兴趣方向和身体差异，开设多门课程让学生自主选择，以学生自身发展为出发点制订最优选择方案。

（三）寻求最优化教学体系

时代的发展使得体育教学中诸多问题得到重视，当务之急并不是如何快速解决这些问题，而是寻求一种最合理的教学体系，从根源上避免问题的再次发生。诸多涌现出的专家学者的研究成果和教学建议，缺乏对所在学校实际的考量和专业的评估，没有切实的说服力，也很难做到从各方面完美契合学校整体优化的全面需求，这也在一定限度上影响了对最优体系的制订，使得寻求方向越发无所适从。在这种情况下就更加需要以一种平和稳定的心态去面对问题，以自身实际问题为考量对象，以学生的切实利益为出发点，在不断地改革再优化、不断重复交替进行到底的过程中，稳住脚步，愈加精进。细水长流，才能走得更远；专注务实，才能飞得更高。只有坚定以育人成才为最终目标，使终身教育的观念深入人心，奠定个人身心长远发展的素质基石，充分调动自身发展个性，才能造就德、智、体、美、劳全面发展的社会主义全能型人才，真正让学校成为人才培养的摇篮。

在我国高校体育教学不断发展的过程中，首先要对教学模式中的各个要素进行全面的分析与了解，积极掌握各个教学要素的主要内容与重要作用；其次才能在此基础上更好地对高校的体育教育进行整体优化，最终达到明确体育教育的教学观念、教学结构与教学体系在教育体制中的作用，更好地为人才优化培养提供服务。因此，笔者认为充分调动和发挥教育体制改革的有利因素，革除各类弊端和陈年旧疾，克服缺点漏洞，稳固薄弱环节，以最优化的手段对教学模式进行再优化、再创造是促进国家高要求新型人才持续发展的重要推动力量，同时也是极好的资源储备力。

第三节 高校体育教学模式运用中发挥学生主体性研究

随着社会的快速发展，人们的体育需求剧增。高校体育教学要顺应这一转变，突出学生体育素质发展，基于学生主体设计体育教学，优化高校体育教学模式，构建新型教学模式，提升高校体育教学效率，为学生终身体育发展奠定坚实的基础。

一、体育教学中发挥学生主体性的必要性和重要性

（一）体育教学中发挥学生主体性是改革传统教育模式、深化体育教学改革的需要

1. 传统教学模式无法满足学生和教学的需求

"讲解—示范—练习"这种传统的体育教学模式，是应试教育的衍生品，它为应试教育服务。在这种教学中教学内容主要是考试内容，教师以传授竞技运动技术为中心，教学活动以考核和检查教学质量为任务。这种教学模式忽视了学生全面锻炼身体、掌握体育锻炼技能的需求，忽视了对体育运动及健身保健基础知识的传授，忽视了学生的学习兴趣以及学生终身体育理念的培育。

2. 高校传统体育教学强调体育教学的规范和统一，教学方法和教学内容单调、呆板

传统教学模式忽视了因材施教原则，对体育素质好的学生来说在体育课上"吃不饱"，相反对体育素质差的学生则是"吃不消"。

3. 填鸭式讲授方法使学生缺乏运动思维的实践

在单一的填鸭式教学法的课堂里，老师滔滔不绝地讲，学生昏昏欲睡地听，上课讲，下课忘，以灌输的方式进行教学缺乏对学生的引导。

（二）体育教学中发挥学生主体性是培养高素质现代化人才的必然要求和基本保障

1. 体育教学中发挥学生主体性有利于学生社会责任感的培养

负责是对每一个人在人生各阶段承担的重要角色共通性的道德要求。高素质现代化的

人才的一个重要的衡量标准是是否具有社会责任感,特别是现在高校学生大部分是"00后",被认为是社会责任感缺失的一代。社会责任感的形成是多方面因素共同作用的结果,而在高校体育教学中发挥学生的主体性的作用不容小觑。在体育教学活动中,学生主体性的发挥是一种主动介入,体现的是学生的一种"自由"的状态,意味着权利和义务的统一,高校学生在体育教学活动中的责任是完成教学任务。在体育教学中无论是教学分组、保护帮助还是协助活动都会培养学生既对自己负责又对他人负责的意识和精神。所以体育教学中发挥学生主体性有利于高校学生社会责任感的培养。

2.体育教学中发挥学生主体性有利于获得成功的情感体验

在高校体育教学中,学生发挥主体性,在体育教学过程中亲力亲为,获得生活体验和培养生存能力。在教学体验中成功地掌握一项运动技能或者成功地带领自己的小组取得体育比赛的胜利,都会给学生带来满足感和享受感,这有利于学生获得成功的情感体验。

3.体育教学中发挥学生的主体性是提高体育能力的有益尝试

身体是革命的本钱,现在越来越多的人意识到身体的重要性。学生主动参与到体育教学活动中,为教学活动提供了活力,使体质差的学生增强了体质,使体质好的学生进一步巩固了体质。学生利用自己的认知,对外界信息进行选择和推断,主动地构建外部信息的解释系统。在这个发现问题,解决问题的体育教学过程中学生不自觉地提高了自身的体育能力。

4.体育教学中发挥学生主体性有利于自我认识和与他人沟通能力的培养

发挥学生主体性可以使学生个人正确地认识自己和了解他人。积极参与到体育教学中,一方面使学生学会了与人相处的艺术,另一方面也培养了自身的亲和力,增强了对自我的认识。这既能恰当地表现自己,同时又给别人留有表现的余地。体育教学中发挥学生主体性有利于锻炼和提高学生认识自我和与他人沟通的能力。

二、在体育教学模式中发挥学生的主体性研究

在体育教学模式程序中教师是主动的决策者和建设者,是学生学习的促进者和合作者,学生是教学的主体,其程序要围绕一切为了学生、为了一切学生、为了学生的一切这个中心,要让学生充分体验运动学习中的乐趣,满足学生的个体需要,尊重学生的自我选择,教师指导学生自定目标、自我评价,逐渐培养其自学自练及创造性思维和相应的体育能力。

在体育教学模式选择运用过程中,教师应从转变教育观念入手,树立"一切为了学生发展"的教育理念,并使之在教学过程中贯穿始终。

体育教育教学的实质是引导学生学习和促进其主动发展,为了在教学中体现这一实质,首先要确立以下教育理念:第一,教学要体现个性。一方面在教学中应把促进学生个性发展作为基本目标;另一方面在班级教学的条件下,要关注学生的个体差异,因材施教,让每一个学生获得成功。第二,教学过程中要体现自主性。把激励学生自主地活动放在首位,使学生

在活动中能表现自我,促进其个性发展。第三,教与学的过程要体现出合作性。具备与他人合作共事的愿望和精神,具有协调和组织能力,是高校学生获得主体性发展的重要目标。

(一)在体育教学中启迪与培养学生的主体意识

所谓主体意识,是指作为认识和实践活动主体的人对于自身的主体地位、主体能力和主体价值的一种自觉意识,是主体自主性、能动性和创造性观念的表现。自我意识是学生主体对自身及其发展的自觉意识,包括主体对自己机体活动的状态以及对自己思维、情感、意识等心理活动的认识。在体育教学中,为促进学生自我意识健康、迅速地发展,要尊重学生的独立意识和"成人感"。学生作为教学中的一个独立因素,要保证他们有独立的学习空间、独立的活动时间、独立的人格空间。教师应与学生平等相处、以诚相待,调动学生运动的自主性和积极性,让学生主动地参与到教学活动中,提高自我意识。

1. 问题意识:学生主动质疑、存疑、设疑、问疑的自觉意识

在体育教学中,为了提高学生的问题意识,教师在教学过程中要有计划、有目的地设置问题,并鼓励学生提问,让学生带着问题学习,养成不断提出问题、独立思考、自我探索、自我创造、自我实现的习惯,使学生能够从本质的高度来理解和掌握体育技术动作。

2. 参与意识:学生全身心地投入并参与教学活动的自觉意识

在协作交往思想的指导下,让学生主动地参与练习,积极地思维,产生积极学习的愿望,使每个学生都积极参与到教学过程中来。教师要把握好学生参与的时机,选择适合学生参与的内容,精心设计教学的每一个环节,让学生尽可能地参与。同时应注意分层教学,不同学生的参与机会要因人而异,兼顾全面性与层次性,使学生的参与意识牢固、持久。在培养学生参与意识的同时,还应注意学生合作意识的培养,让学生形成主动地寻求学习伙伴并共同探索问题的自觉意识。通过不断地交流与合作,使语言、情感、思想都得到沟通,互相尊重,进而促使学生的组织能力和交往能力得到不断的提高。

3. 评价意识:学生主动对人或事物做出事实判断和价值判断的意识

在体育教学过程中教师要尊重学生的评价,对教学要有自我否定的概念,经常开展批评与自我批评。注意培养学生的评价意识,对成绩、运动技术做出科学的评价,也对教师的教学做出公正的评价。为了充分发挥学生评价的主体性,教师可安排诊断会、交流会,让学生发表自己的各种评价,不断提高评价意识。总之,学生主体意识的觉醒,意味着学生主动地参与自身发展,这是他们主体性充分发展的开始。

(二)营造民主、和谐的课堂气氛

民主平等的人际关系,尤其是民主的师生关系,以及由这种关系营造出的生动活泼、愉快和谐的教学氛围,是学生主体性发展的基本条件和前提。发扬教学民主,是指在教学过程中,师生相互尊重、相互配合,创造一种自由宽松的民主气氛,利用融洽的师生关系与和谐的心理氛围促进教学活动的顺利进行。在教学过程中,教师要诚心诚意地把学生当成学习的

主人,强调发挥学生的潜能,启迪学生"我要学习"的需求,从而形成相互尊重与信任的支持型氛围。因此,营造民主、平等、宽松、和谐的教学氛围,不仅是一种提高教育质量的手段,还要使之成为一种教学目标去追求并努力实现。

1. 构建新型师生关系,为促进学生主体性发展营造良好的人文环境

师生关系是指教师和学生在教育、教学活动中形成的相互关系,包括彼此所处的地位、作用和相互对待的态度。在体育教学中建构新型师生关系策略如下:

第一,师生之间应该相互尊重。在体育教学中教师应把丰富的感情和爱心运用到整个教学过程中。教师对教材的处理要充满"爱"的渗透,意识到自己的职责并不是把枯燥的知识塞给学生,而是做学生的朋友,激励学生去思考,在交往中让学生获得活的知识。高校学生虽尚未完全成熟,但他们都是有思想、有感情、有独立人格的活动着的个体,他们掌握的知识、技能较少,但在人格上与教师应是平等的,师生间理应相互尊重。尊重和关爱学生可使师生间建立信任,学生自然"亲其师"而"信其道"。

第二,在教学活动中师生共同进行密切合作,形成一种相互理解的伙伴关系。教师应充分认识每一个学生,了解每一个学生的特性,以一颗诚挚的心与学生进行交往,才能够得到学生的喜爱,才能够使学生成为教学活动的积极参与者和主动合作的伙伴。教师还应该主动关心、鼓励和引导学生,提倡和发扬学术民主和学习民主,使学生在平等民主的氛围中得到"主体"的感觉,进入"主体"状态,真正成为学习的主人;有意识分配给学生自主思维、自主选择与自主创造的时间和空间,为他们的自主发展创造条件。

第三,建立双向互动的新型师生关系,为培养学生的创新能力提供平台。体育教学过程中师生交往、交流、共同发展,学生个体、学生群体和教师等几个方面形成学习的"共同体",在师生互动中,教师实现对学生的引导、合作与促进,学生则获得启发、指导和实践,在实践中学会学习和创新,以提高自己的实践能力、创新精神。在这种交互作用中,师生之间能够形成多向多级的沟通模式,建立平等的关系,充分调动学生的主体性,使其积极主动地建构学习、建构自我。总之在处理师生关系上,应强调以是否能调动学生的学习积极性,是否有利于学生的发展为准则,这样可以保证在教学过程中形成有利于学生发展的条件和环境。

2. 给予学生自由的空间和时间

在体育教学过程中让学生有更多的自主权,有选择的自由。学生可以对有关问题充分发表自己的意见和见解,可以随时向教师提出问题。在学生需要指导时,教师还要尽量提供多种方法让其自由选择。允许、肯定和赞扬创新精神,尊重学生的主体地位和主体意识,使学生成为名副其实的学习的主人。教师只提供参考意见,积极与学生一起学习,依据事实,客观评价学生的学习效果。充分了解学生,努力做到根据学生的不同情况区别对待,因人施教,在不影响整个班级教学的情况下,乐意给个别学生以帮助、指导和援助。

3. 关注学生的运动情感体验

在体育教学的过程中,在控制和激发教师自身感情的同时,要培养学生自身的情感,要赋予适宜的力度与内容,就是在体育教学中给予学生心理和生理上的刺激要适当,练习的内容要多样、生动,教学手段与方法须得当,让学生在学习知识和进行练习的过程中,有明显的情感体验,以取得最佳的效果。能够获得愉快和成功的情感体验是培养学生体育学习兴趣和终身体育意识与习惯的关键,是学生自觉、主动、积极地进行体育学习的重要条件,是实现体育课程目标的有效保证。教师要力图根据学生心理活动的规律来组织教学,结合教材特点选用教学方法和教学模式,关注学生的运动情感体验,使学生在体育教学中能够得到愉快的心理满足。教师还要通过挖掘体育教材中的兴趣因素,使教学内容更加贴近学生的实际,教学方法更加活泼有趣,运用体育特有的特殊魅力来激发学生的求知欲,通过趣味性的教学方法,激发学生自主参与体育学习的热情。

(三)在教学评价中体现主体性

体育教学的评价内容一般包括两个方面:一是学生所掌握的理论知识、技术、技能和身体素质等方面;二是学生在课堂上表现出来的态度、兴趣、动机、情感、意志等非智力因素方面。教师公正、准确、及时、灵活的评价,有利于学生正确认识自己和课堂内容,准确地给自己定位,进而激励自己不断进取,并获得这种不断进取的能力。实施策略如下:

第一,采用过程性评价与结果性评价相结合的方法。结果性评价是体育教学过程中不可缺少的环节,但单纯的结果性评价对整个技术课教学过程的调控性与指导性效果相对不是很强,这就需要过程性评价作为补充,使过程性评价与结果性评价相辅相成。通过过程性评价,随时调控整个技术课教学过程,使教学效果向最佳态势发展。

第二,师评、自评、他评相结合。首先师生都有明确评价标准,并让学生按照师生共同讨论拟订的评价标准自行评分,认真关注学习过程的每一步骤,对照标准进行评估,如果出现偏差就予以纠正和指导;用同样的方法进行他评,他评法是同班同学对某一学生的动作及表现的评价,他评法既可使别的同学学会怎样评价,而且可以从别人的动作中想象到自己的动作,从而对自己的动作也有一个正确的评价。这样,过程性评价与结果性评价相结合,师评、自评、他评相结合,从而构成一个完整的评价系统。

总之,基于学生主体的高校体育教学模式构建是大趋势。高校体育教师要积极探索高校体育教学模式,立足于学习主体地位,激发学生学习主动意识,使学生从被动接受知识向主动学习转变,真正实现学习的自我发展,使学生学会学习,爱上学习,使终身体育理念扎根于学生心灵。

第四节 高校体育教学欣赏型模式构建

欣赏型体育教学模式是一种关注人和谐发展的教学理念,是以身心体验为核心,促进学生素质全面发展,提高体育教学质量美的教学观。它所关心的不仅是学生在学习过程中获得多少体育知识、掌握多少体育技能,更关注学生在体育学习中获得丰富的感性领悟、深刻的情感体验、对生命潜能的感受以及创新意识等。

一、素质教育思想是欣赏型体育教学模式研究的教育学基础

素质教育思想是顺应我国全面开展现代化建设、提高整个民族素质的历史性任务而提出来的。它主要包括以下几个方面的内容:首先,素质教育把全面提高受教育者的综合素质作为教育的基本任务,以促进学生多方面素质得到整体提高、和谐发展为目的。其次,素质教育更加重视学生在教育过程中的主体地位,强调面向全体学生,使学生能创造性地学习,主动地发展。第三,素质教育把学生健康成长作为教育的重要价值指向,学生不仅要有知识和技能,而且还要有更好地身体素质、道德素质、审美素质、心理素质和人文素质,他们是人发展的基础,第四,在推进现代化的今天,素质教育还应包括通过教育促进人的现代化的内容。因此教育中"人也按照美的规律来构造",按照美的规律既构造对象,也构造自己,这是人的特性。当教育明白人的这一特性时,便会明白审美在素质教育中的重大意义。"懂得处处都把内在的尺度运用于对象在他创造的世界中直观自身"。这里所说的就是美学的尺度,既被运用于对象,又被运用于自己。正是"内在的尺度",把主客体联结在一起,而"内在的尺度"正可被理解为主体的心灵。人用心灵去作用于对象,也构造着对象,构造着自己。可以说,素质教育就在于寻求这种根本的变化,而美学因素在这起着特殊的作用,起着让审美教育进入心灵并成为心灵的一部分的特殊作用。

二、体育的审美价值是欣赏型体育教学模式研究的美学基础

美的规律存在于各种"物种的尺度"之中,尤其是体现在人的"内在固有尺度"之中。人类为了健身而创造了体育,为了审美而使其艺术化,这是体育发展上的一个飞跃。体育的艺术化,不仅是某些运动项目演变为新的艺术形式,也标志着体育活动整体的艺术水平在提高,它的表现形式是丰富多彩的,具体体现在以下几个方面。

(一)塑造健康美

体育运动是人类从劳动实践中逐渐独立出来的一种人体活动,为了塑造人体自身的健美,在活动的过程中,人们有意识、有目的地按照一定的比例、结构、手段等有效的形式,来改造人的身体。因此,体育运动的本身,就是力与健、健与美、技与艺有机结合的艺术。健康美不仅是针对人的身体而言,还能用来衡量人的动作姿态以及各种运动项目所产生的积极效果。这种美是大学生健康成长的基础,是人类的共同愿望。苏联著名的教育家加里宁曾经说过:"没有很结实健康的身体,就不可能有人体之美。"苏联伟大诗人马雅科夫斯基也说:"世界上没有一件衣衫能比健康的皮肤和发达的肌肉更美丽。"当然,人的体形和遗传变异等因素有很大的关系,然而它也可以通过体育锻炼加以塑造和改变。体育运动不仅把人体塑

造得更矫健强壮,而且还把美的规律、美的尺度运用于其中。正如黑格尔所说:"通过体育锻炼,塑造一种和谐发展的人体,是同雕塑家的艺术创造相似的一种艺术创造"。

(二)运动项目自然美

"美是在人类的物质实践活动中,历史地形成的人的本质力量的感性显现"。"美的形态和存在方式是千姿百态的"。运动美是指人体在运动中形体变化表现出来的美,是人的本质力量的感性显现。"如果人们在实践过程中,把自己掌握真与实现善的本质力量,通过具体而又光辉的形象在对象中显示出来,这个过程及对象就会具有一定的审美价值。""身体运动不仅是身体方面的活动,还包括心理要素和社会要素。运动带来各种情感变化,并表现出充实人们生活内容的文化价值,为审美活动提供了新的广阔领域。运动是一切生命的源泉。体育之运动能充分展示富有朝气和生命活力的身体美。"体育是充分发挥人体潜能的教育活动,它追求人的体能以最经济的方式发挥最大的功效,从而使人体在运动中获得最大限度的自由。"体育运动的发展,同时意味着新的艺术现象出现,人类的运动美和人体形象特征在这种现象中被发现出来。"冰上芭蕾把溜冰、体操和舞蹈融于一体,具有强烈的可供观赏的表演性、艺术性,使它获得了存在和发展的重要条件。从不断向人体极限发起挑战的运动项目中,我们也能感受到人激动的美。

(三)体育的精神美

人体的美和伟大只有和精神连接在一起的时候才是可能的,因为只有在精神的充分帮助下,肉体才能去忍耐、去超越。"如果缺乏了内在精神,人体也许就无异于一台机器了。从结果来看,能够完善地操作机器,只有灵魂。"顾拜旦复兴近代奥林匹克运动的主要动机之一就是为了给软弱无力的法国青少年注入活力,促使他们振奋起来。"人是身心和谐统一的整体,身体运动的过程,也伴随着心理、意识发展的过程,人在掌握运动动作的同时,也会塑造自己的心灵。"绝大多数人在运动之后都不会感觉自己是在浪费时间,因为他能感觉到运动给他带来的是一种精神上的满足,是一种美的享受,是一种心灵的净化。这种精神满足、精神享受,证明了体育运动中蕴藏着精神美学的成分。

三、人的审美需要是欣赏型体育教学模式研究的心理学基础

对美的追求是人的本性所在。人对美的追求是以其内在审美需要为动因和根据的,现实世界中人有各种需要,"他们的需要即他们的本性"。心理学家马斯洛将人的需要按水平由低到高,分成七个不同层次:生理需要、安全需要、爱与归属需要、尊重需要、认知需要、审美需要、自我实现需要。当人处在较高的需要层次上时,他能发挥出更大的生命能量,更少自私,更有活力。显然,马斯洛是将美的需要引入了高级需要之列,甚至是摆在认知需要之上的审美需要,最接近最高级需要和最易导致向更高级心理需要发展。人是自然物质世界的最高存在者,在人身上蕴含了物质世界的所有运动方式,但只有人的有目的的活动方式才

能够体现人的独特生存特征,这种"有目的的活动"就是人的主体需求。"在社会历史领域内进行活动的,是具有意识的、经过思虑或凭激情行动的、追求某种目的的人;任何事情的发生都不是没有自觉意图,没有预期的目的的。"人的意向性目的活动主要体现出三种自我存在状态,即本能活动、功利性活动、超功利性活动。本能活动是人的自然性目的活动,表现为人的自在自发的自然存在状态,它是人进行有目的的自我创造获得的基础和前提;生产劳动是人的功利性目的活动,表现为人的自觉自为的社会存在状态,是一种自觉的以满足自身物质生理需要的、追求活动结果的外在目的活动;审美是人的超功利性目的活动,表现为人的自觉自由的文化精神存在状态。这是一种在活动过程中追求内心体验的内在目的的活动,是人的最高或终极目的的活动。这正好印证了马斯洛的需求理论。随着现代化科学技术或社会的发展,人们功利性物质需求得到了越来越大的满足,以追求精神自由或自我体验的超功利性的审美活动在人们生活中占有越来越重要的地位。所以说人的审美需求理论为欣赏型体育教学模式的研究提供了美学基础,它的特殊作用是可想而知的。

四、欣赏型体育教学模式的建构原则

(一)体验性原则

由于欣赏型体育教学首先依赖一种特殊的教学方式——审美体验。因而体验原则对于欣赏型体育教学来说,具有特殊的重要性。"一般地说,知识教育所运用的是理性的逻辑推理,技能教育所凭借的是动作的训练,审美教育所依赖的是审美体验。"体育教学中的审美体验可以使学生充分调动自己的感知、想象、情感、理解等各种心理功能,观察、感受、评价审美对象,从而形成陶冶心灵、情感的过程。它使学生对审美对象全身心地投入,全身心地感悟,从而达到主客体的真正沟通和交融。体育教学过程主要就是利用学生的参与体验完成的。因此,只有通过审美体验,学生才能与审美对象建立起严格意义上的审美关系,客体也才会成为真正意义上的审美客体。

(二)交流性原则

教学过程既是师生间的认知过程,又是师生间的情感接触和交流过程。师生之间的交往,不论是正式交往还是非正式交往,情感交流是其交汇点。情感交流作为师生间的一种纽带,是教育的灵魂。

(三)创造性原则

欣赏是对意象的情感体验,也就是说,主体在对审美客体感知观照的基础上发挥想象,引发对意象的审美感受和体验,达到情感的愉悦,从而产生对审美客体再造或重构的欲望。王朝闻指出:"就人们的欣赏活动而论,也可证明主体反复体验的创造性是引起审美快感的动力。"无论是艺术美的欣赏还是自然美的欣赏,如果不能创造性地发现客体所蕴含的美感价值,就无法获得那种陶醉感,那再"美"的东西也毫无意义。也就是说审美客体内化为审美经验并不是一成不变的,审美意象的产生本身就是一种创造过程。

(四)个性化原则

个性化教学原则在此有两层意思:一是要尊重学生的个性特征,二是要设计个性化的审美活动。尊重学生的个性特征,根据学生的需要、兴趣及审美发展水平等设计教学过程,这也是因材施教这一基本教育原则的要求。个性化审美活动的设计包括确定教学目标、安排教学内容、评价教学效果等方面。要制订相应的多样化的标准,否则就无法满足不同水平、不同层次、不同类型学生审美学习的需要,也无法达到审美化教学的效果。

五、欣赏型体育教学模式的建构程序

"学校体育作为促进个体生命健康成长的教育,它的目的、功能和价值均实现于体育过程中。"欣赏型体育教学模式的实现不仅取决于审美对象——教学活动的展现形态,更取决于审美主体——师生是否具有审美趋向性,是否能够发起审美活动。学生(审美主体)在这一过程中又处于一种特殊的状态,他们的审美能力更多地需要通过教学来培养,他们在学习过程中进入审美状态是需要通过教师活动给予积极引导的,从而唤起学生的情感投入,引导他们进行审美体验,更有效地促进学生审美能力的发展。

(一)创境——生命体验和审美感知的基础

教学过程必须精心构思、完美组织、巧妙安排,才会富有生命活力,才会唤起学生学习的欲望。现代情境学习理论认为:学生的学习实质是借助学习情境,实现学习者对知识的主动构建。教学活动中情境的创设是非常重要的,学生在审美情境中很容易受到情境氛围的感染,而产生审美体验。同时还能够起到一种渲染、唤起、激发的作用,使审美主体在心理上产生共鸣,从而吸引着审美主体去追求、去创造。引发学生美好的想象,有身临其境之感,使学生在美的情趣中持续地激发学习动机。在体验审美过程中学习体育知识、掌握健身的技能,在参与创造过程中拓宽体育情趣,直至达到"设境悟情",产生求知的欲望。要创设合理的教学情景必须了解学生、研究学生,把课前准备的着眼点始终放在学生身上,根据学生的身心特征、生活经验、思维方式和已达到的体育知识、技能水平对体育教学过程进行精心的审美设计。

(二)入境——引起学习兴趣,激发审美感知

入境即教学过程的审美导入,引导学生进入预设的教学情境中。美的价值就在于可以愉悦身心、陶冶性情,给人以清新、向上、愉悦的感受,在一定限度上满足人的精神需要。同时还因为这种优美的教学情境能使学生产生愉悦感、新鲜感和好奇心,学生情绪亢奋,求知欲强烈,精力专注,思维活跃。学生具有轻松愉快、积极向上的良好心态,自然进入学习状态。课的导入手段和方法很多,如实物、图片、卡片、录音、录像、音乐、游戏、直观形象的语言

均可作为导入手段,要根据学生的身心特征、生活经验、感知思维方式和已达到的体育知识、技能水平,采用开门见山、承前启后、生活化情境、热点问题、精彩比赛欣赏等方法将把学生引进预设的学习情境中,从而唤起学生的审美情感,激发学生的兴趣。

(三)体验——呈现生命课堂,焕发生命的活力

"体验是生命存在的一种方式,体验不是一种外在的、形式性的东西,它是指一种内在的、独有的、发自内心的,和生命、生存相联系着的行为,是对生命、对人生、对生活的感悟。"美的教学是使人能够获得美的享受过程,是给人以美感的教学,是审美化的教学。师生之所以能够对教学产生美感,必然是他们在教学活动过程中进入了审美状态。这种审美状态即是审美体验的状态,也就是说,教师和学生在教学活动中体验到知识的学习带给他们美感,体验到教学活动给他们以美的享受,他们全身心投入到活动中,感受着教学活动的勃勃生机和生命韵律,体验着知识所蕴含的生命情态,他们在审美的体验中,不仅学到知识而且还能陶冶性情,培育精神,提升生命品质。

(四)感悟——获得审美享受,领悟到生命的真谛

"知识不能是由自认为有知识的人普及到,或灌输到自认为没有知识的人的,知识是通过人与宇宙的关系,通过充满变化的关系建立起来的,在这种关系中批判地解决问题,又继续促使知识发展。"这里的"关系"可以理解为就是"体验"。体验的过程不是以思维为主要特征的认识过程,也不是物质性的实践过程,而是表现和升华情感、激发个体的生命活力、发展创造性、开启心智、陶冶审美情趣的过程,是人本质力量的表现、是审美的最高境界、是生命的感悟。"感悟不是对认知的全部否定和排斥,而只是对认知的升华。当主体的单一认知功能转换为全部身心特性参与的审美状态时,认知就达到了极致。认知的极致就是对象和自我合一的审美,它既不是主体性湮灭的困顿,亦非主体性张扬的突兀,而是一种超主体性的境界。"感悟是知、情、意融于一体的人的生命活动,作为一个完整生命体的直观与感悟,是审美主体对审美对象形式所包含的深层意味的心领意会,是审美主体对审美意象和意境的一种较细致的体验活动。但是,在欣赏型体育教学过程中又不能没有认知,认知是让审美主体知道客体"是什么"。所以,审美活动只有从认知上升到感悟,通过审美主体的审美体验,"是什么"才真正对审美主体产生生命论意义上的价值。如果过分强调学习中的认知方面,将会带来教与学中机械式的训练。因为认知强调的是知道"是什么",而"是什么"是可以重复和持续再现的。虽然说在运动技术的学习需要反复的训练,但体育学习的核心不是训练,而是通过训练掌握体育知识、健身的方法、享受运动的乐趣、感悟体育的生命意义。这实际上就是一种创造过程,即融入了审美主体自身情感的创造过程,从而使创新潜能得到释放,精神生命得到升华。

第五节 "生态体育"教学模式在高校体育教学中的应用

一、"生态体育"概述

(一)"生态体育"的研究现状及其概念

目前学者比较认同的概念如下:"生态体育"是指人类—体育—环境的相互协调、共生共融、共同发展所构建的关系或联系的活动,即通过在自然生态环境和社会生态环境中开展的体育活动。具体体现为人与自然、人与社会、人与自身三大和谐在内的整体动态和谐。"生态体育"教学模式就是指:使学生与自然、社会亲密接触,运用适当的体育教学手段,实现对参与者身心的双重历练,并通过汲取大自然的精神与力量,获知一定的社会知识与经验,提高教学效果,培养学生的适应力和生存力。

(二)"生态体育"的特性

"生态体育"的提出不仅丰富了高校体育教学手段和教学模式,拓展了教学环境和教学场地,而且使弱化高校体育场地的局限性成为可能。"生态体育"的特征有以下几点。

1. 自然性

"生态体育"是指让学生走出原有意义上的课堂,融入大自然生态环境和社会生态环境中,在教学过程中充分利用自然资源,让学生在感受自然气息的同时获得身心发展,提升内心体验。从而提升学生热爱自然、保护自然的意识,使人类与自然和谐相处。在体育锻炼中无论人们是为了追求外在的身形之美,还是为了达到内在的身心愉悦、延长寿命,健康始终是人类为之所不懈追求的目标,而这些也正是生态体育的内在体现。这种生命的延续性正是生态体育的可持续性的最直接的体现。

2. 时代性

从"更高、更快、更强"到"更干净、更人性、更团结"理念的转变,使得奥林匹克运动更加符合时代的强音,真正体现了全球各民族平等以及全人类的和谐发展,从而为体育发展提供了更为广阔的空间。在"生态体育"理念下,各个高校应该结合当今社会发展的特点以及高校教育改革的要求,紧扣时代脉搏,创编出适合自身特点的高校生态体育课程。

3. 层次性

现代体育生态系统是一个集政治、经济、文化、教育、科学、信息网络及其他系统构成的多因子、多层次的复杂系统,从本质上讲是一个自然—体育—社会的大系统,包括人在内的从低级向高级有序的构成系统。人是体育的主体,人的主观能动性影响并制约着体育环境效能的发挥。因此,在高校体育教学中,必须充分考虑人对生态体育不同层次功能发挥的影响,挖掘各个层次对体育的效能,通过对人的管理,实现体育的可持续发展。

4. 适应性

在某种限度上,生态体育的适应性可以理解为主动适应和进化。随着社会的发展和新世纪对新型体育人才的需求以及高校体育人才培养模式的变更,对体育人才的培养要摒弃目标单一、重专业轻基础的"专才型"培养模式,而转向适应社会发展、面向未来,重基础、重个性、重素质等方面的人才培养模式。及时转变教学理念,明确培养体育教育人才的方向,改革教学手段方式,建立新的教学模式,让学生由"要我学"变为"我要学"。

二、"生态体育"教学模式在高校体育教学中应用分析

(一)体育院系进行"生态体育"教学的有利因素

1. 对大学生人文素养的影响

如何让社会对大学生有个正确的、客观的认识,成为高校在培养高素质人才的同时必须关注的问题。"引领文化是大学的重要功能。大学是高等教育机构,也是文化发展的中心。大学不断促进探索和争鸣,激励新思想、新学术的产生,为人类的文化发展做出了重要贡献。"

2. 对大学生心理健康的影响

大学时期是大学生即将步入社会但又不成熟的阶段,也是人生观、价值观、道德观形成的最重要时期,无论是在生理机制还是心理方面都还不能完全融入社会。因此,必须对他们加强管理,让他们树立正确的人生态度,加强心理引导,避免学生在校期间荒废学业与青春。调查显示:大学生在校期间逃课的人数不占少数,而且他们逃课的主要原因就是对学业的厌倦、缺乏激情、对前途的迷茫、空虚等方面的因素。"生态体育"对学生的心理有积极的影响,其中在改善社会交往、抑郁、焦虑等方面作用明显,能有效地改善学生的心理健康状态。同时,学生在自然的环境中更能激发其锻炼的兴趣与学习的热情,减少厌学、逃学现象的产生,降低学生在校期间的安全隐患。

3. 高科技在高校的运用为构建"生态体育"体系提供了物质保障

全球的生态环境日益恶化,简单地通过大自然的自身修复是难以回归到原有状态的。随着现代化高科技的发展,通过在体育设施及相关领域中的运用是可以缩短生态环境自身修复的进程的。高科技手段在"生态体育"中的运用必然会增强该模式在高校中开设的优势。在高校构建新的教学手段的过程中,也只有充分利用高新科技,并将其转化为生态动力,才能使在体育领域中出现的对生态环境有碍的问题及隐患得到良好的解决与预防。总之,实现高新科技与体育的完美结合,才能打造出人类与自然和谐统一的格局。

4. "绿色奥运"的成功举办为高校"生态体育"发展模式提供了模板

2008年北京奥运会的成功举办,为世人打开了一篇和谐的篇章。"绿色奥运、科技奥

运、人文奥运"的理念在奥运场的软件、硬件设施上处处得以体现,"绿色奥运"的理念渐渐成为继顾拜旦提出的"和平奥运"之后的主旋律。由此可见,高校在推进"生态体育"教学模式时可以借鉴其理念与方式,灵活运用,让"生态体育"成为高校体育教学的一种方式。

(二)体育院系进行"生态体育"教学的障碍因素

1. 生态意识的淡薄

全国59所高校3500多名大学生参与的"大学生生态保护意识调查"显示:多数大学生对生态知识不太了解,对于生态保护方面的了解还很肤浅,整体保护生态的意识淡薄。大学生是倡导、推动环保事业的主力军,国家有关部门在高校也相继开展了丰富多彩的环保活动。在面向社会传达环保理念及生态知识方面起到了积极的作用,同时在大学生群体中也形成了一定的氛围,使他们在认识到环境保护的重要性、紧迫性的同时,也积极地向社会群体传达环保的理念,在社会上有了一定的正面影响。但同时也应看到,就整体而言,大学生对生态保护的理解和认识并不深刻,多数情况下仅停留在参与活动的层面上,还不能将这种态度在生活中有效地体现出来。这不仅不利于大学生整体素质的提高,而且对促进生态保护事业也会产生一定的负面影响。

2. "生态体育"课程设置不完善

近年来虽然有不少学者对"生态体育"进行了研究,但调查发现,真正采用生态体育教学模式的学校极少,有些院系虽然尝试着开始了小高尔夫球、钓鱼、定向运动、木球、拓展训练等课程,但仅是作为新课程的尝试,并没有形成高校体育教学系统的统一认识。因此,"生态体育"教学模式缺乏实验研究,需要有敢于尝试的先行者,形成局面,带动整体发展。

(三)体育院系进行"生态体育"教学的时代背景

1. 生态环境的恶化,迫切需要进行生态教育

自然生态系统是人类赖以生存的不可或缺的外部环境,虽然我们积极提倡自然的权利与环境伦理,要我们善待自然、善待环境、善待生物,但是还没有成为决策者的自觉行动。高校体育具有传承和发扬生态体育的独特优势和魅力,大学生是社会趋向的引领者,他们的观念影响甚至决定着一个时代。

所以,在高校教学中运用一定的教学模式培养学生的生态理念、环保意识是非常必要的,通过大学生自身素质的提高辐射到周围的人群,从而提高整个社会的生态意识。

2. 体育院系的可持续发展,需要进行生态教育

21世纪的大学生对学校的要求越来越高,在高校生源竞争激烈的当下,如何运用特色专业吸引学生的眼球是赢得生源的最直接、最有效的手段。2000年以后出生的学生特别希望自己能从被动的课堂中解放出来,寻求一种全新的学习方式与理念,"生态体育"教学不仅可以树立学校专业的特色,而且还可以满足学生走出教室、融入自然的需求,另外由于高校

的不断扩招,也可以缓解当前高校体育场地器材短缺的问题。这种亲近自然、融入自然的教学模式,一定会让学生更加理解人文体育、绿色体育、天然体育、环保体育的理念。因此,体育院系的可持续发展,必须不断地寻求与社会发展相适应的教学手段与模式,吸引学生的眼球,激发学生的学习兴趣,这样才能为其更好地发展奠定基础。

3. 体育课程的可持续发展,需要进行生态教育

时代的发展及其对人才需求的不断变化,要求高校在制订人才培养方案的同时必须考虑学生的就业与社会适应能力。因此,在积极响应课程改革的同时,使课程的设置能够适应社会的发展,满足社会对人才的需求。在高校体育教学中,可以把体育教学内容和周围的自然生态环境相结合,让学生在自然的环境中感受大自然,贴近大自然。学校可以利用周边的环境结合季节的变化在不同的学期进行课程设置,如可以利用山地开展登山、野外拓展、野外自救、蹦极、定向越野、山地自行车等项目;利用大海、河流、池塘等开展沙滩排球、游泳、钓鱼、潜水、漂流等体育项目;有旅游景区的可以结合开设体育旅游、体育保健、理疗等项目。总之,充分利用自然资源开展体育有关项目,不仅可以丰富体育教学内容,提高体育课程设置的可持续性,更能够满足社会对体育专业的多元需求。

(四)体育院系进行"生态体育"教学面临的挑战

1. 实践经验方面

相对于西方的生态体育模式,我国的生态教学起步较晚。在体育领域,近十几年才有学者专家开始此方面的研究,但并未在整个体育界形成生态研究趋势,所以对体育院系学生进行生态体育教学无疑是一项具有挑战性的工作。学校体育生态化的研究还缺乏深入与实证性的论证,在操作上也缺乏理论性的材料作为指导,导致盲目性较大。

2. 教学方面

当前,生态体育教学模式的构建还不完善,缺乏国家性的大纲、计划、教材等,生态体育课程还缺乏有深度的实验,没有较为成熟的课程模式可以借鉴,缺乏实战经验,大多数的研究仅仅局限在浅层次的论证,缺乏深度和广度。生态体育教学过程中有一定的安全隐患,如果教师缺乏一定的应急经验和救助措施,就会造成不利影响。同时,师资培训不全面,仅有定向越野等方面的一些培训,教师在教学经验、教学手段的运用等方面都存在不足,要想在短时间内有较为明显的效果就要付出较大的心血和成本。在传统的教学模式中,我们所采用的评价手段也是一套体系,生态体育教学模式的开发与使用,必然也要有与其相适应的评价体系,但是评价体系的制定需要经过反复的论证,不可能一蹴而就。

高校体育文化建设对推动教育发展、丰富社会文化具有不可替代的作用,"生态体育"教学模式的运用必然为提升大学生自身素质、丰富教学手段及内容、促进社会体育的发展起到积极的作用。我们要以教学改革为契机,加大投资力度,建设积极的体育环境,加强师资培

训，积极探究新的体育课堂教学模式，构建多元的学生课余生活，引导专家学者对生态体育进行研究，推动生态体育的发展。当下"生态体育"在高等体育院系的运用可以说是优势与劣势、机遇与挑战并存的格局，如何克服劣势，接受挑战，突出优势，抓住机遇，成为高校体育改革的主要问题。

第六章 高校体育教学与运动训练研究

第一节 高校体育教学与运动训练关系

一、体育教学与运动训练概念的界定

体育教学是教师的教与学生的学的统一活动。具体地说,体育教学是学生在老师有目的、有计划的指导下,积极主动地学习与掌握体育、卫生保健基础知识和基本的技术、技能,锻炼身体,增强体质,发展运动能力,培养思想品德的一种有组织的教学过程,是实现学校体育目标的基本途径之一。体育教学属于学校体育的范畴。体育教学包括体育理论知识的教学和体育技术、技能的教学实践课两种基本形式,并以后一种教学形式为主。运动训练是指在教练员的指导和运动员的积极参与下,为不断提高或保持运动员的运动成绩而专门组织的一种教育过程。在这个专门组织的教育过程中,教练员要根据运动员所从事的运动项目,主要采用多种多样的身体练习的方法和手段,对运动员进行身体、技术和战术训练以及心理、智力和恢复训练,有计划地不断提高或保持运动员的运动成绩。这一概念阐明了三个要点:一是运动训练是一个专门组织的教育过程;二是运动训练与不断提高或保持运动员的运动成绩为主要目的;三是运动训练是在教练员的指导和运动员的积极参与下进行的。对运动训练的概念,国内外有些学者从比较广泛的角度认为运动训练是运动员为创造或保持专项运动的最高成绩所做准备的全过程。这一定义除了将前述运动训练的概念所缺的内涵包括在内,还大大地扩大了其外延。也就是把与运动员创造或保持专项运动的最高成绩有关的各个方面,包括所采取的准备、创造和保持专项运动最高成绩的一切措施和办法,都纳入运动训练的范畴之内。从体育教学与运动训练的概念上不难看出,这两者之间具有共同之处,又各具特点。两者都是有组织的一种教育过程,都是培养人的手段,都是教与学的双边统一活动,都是以身体练习为主并承受运动负荷等。不同之处是,两者本质属性上有差异,体育教学属于学校体育的范畴,而运动训练则属于竞技体育的范畴。两者在目的任务上也有差异,体育教学的主要目的是增强体质、增进健康,而运动训练的主要目的是提高运动成绩,夺取各种运动竞赛的奖牌。两者在内容上、方法上、手段上等各方面都存在着明显的不同。

体育教学与运动训练概念的确立反映出人们对其特点的认识与掌握。我国体育教学与

运动训练的概念形成已久,其分析与概括也相当完备,但隐藏于概念背后的一些问题却为人们所忽略。概念的归纳是与事物发展过程相逆的活动,事物不断发展变化以图改变现有状态,而人则通过实践经验总结出一定事物的阶段性特征,同时在具体的实践过程中遵从这些原则规律并加以运用。因此,从事物发展的角度来说,概念的确立在一定限度上固然能促进事物的发展,但在运用概念的同时,更应该注重概念的废除与重建,这是社会发展的需求,也是社会体育需求发展的要求。

二、体育教学与运动训练的相同性

(一)二者都需要运动

运动训练需要"运动"是毋庸置疑的,而体育教学也需要运动。体育教学最主要的特点就是通过不同的运动来提高学生的身体素质,即学生需要在反复的学习和练习过程中不断提高自己的技能水平,而这个过程能够促进学生身体素质和运动技能的提高。从这一方面来说,无论是体育教学还是运动训练,它们都需要通过"运动"来达成各自的目的。

(二)二者都根据对象的特点选择运动形式

体育教学和运动训练都需要按照学生和运动员的年龄、性别、体质、运动水平等来选择运动项目。如在大学生体育教学中,体育教师应以增强大学生的身体健康为目的,根据大学生的身心特点,选择能够适应其身体负荷的运动项目,并进行合理的搭配、排列与组合,这样才能促使教学过程更加科学化、高效化。而在大学生运动员的运动训练中,教练员同样要根据运动员的身心特点,选择能适应期发展的训练项目,并需要根据其运动状况,制订多年详细的运动训练计划,分不同阶段逐渐地提高运动员的运动水平,延长运动员的运动寿命。从这一层面来说,体育教学和运动训练都是要以针对的不同对象的情况为切入点进行教学或训练的。

(三)二者都需要随着时代的发展而发展

随着时代的发展,体育教学逐渐由传统的以传授固有知识为重点的封闭式教育向着重培养学生的创造性思维和终身教育观念教育方式转变。在这种情况下,体育教学的内容需要跟上时代发展的步伐,改变过去的单一的竞技体育知识传授为主的教学方法和内容,取而代之以健身、娱乐、休闲等内容为主要的学习内容。同样,运动训练的方法与形式也随着时代的发展而不断发展。运动训练需要研究最新的比赛规则,使用先进的仪器设备来提高自己的竞技能力。这些都是时代发展带给运动训练的变化。在现代社会中,要想在比赛中获得好成绩,在运动训练中就不仅需要了解诸如运动生理学、运动解剖学等运动专项理论,而且还要了解世界各国该项运动水平的发展情况,结合我国此项目的当前水平,找到提高运动训练水平的新的训练理念与训练方法。

三、体育教学与运动训练的互补分析

虽然体育教学与运动训练存在一定差异,但从实质上看,体育教学活动与运动训练过程在核心内容上有许多相似之处,而这些一致性,正是体育教学与运动训练能够有效补充、互相渗透的关键所在,虽然存在的其他约束力使得其自然功能发生一定分化,但是二者发展目标的一致性,使得二者在整个教学过程中互相补充,相互渗透。体育教学与运动训练各自存在一定不足和缺陷,这就需要互相借助、相互取长补短,充分利用互补原理解决发展过程中存在的问题,之所以选择互补,就是因为"理论"与"实践"功能上的不同,但都是体育教育过程中必不可少的一部分,因此体育教学与运动训练从实质上来说是可以互相借鉴的和补充的。在体育教学过程中,运动训练只是其中一部分,整个体育教学活动依旧建立在教学目的实施方法的基础上,合理应用教学方法和教学理念等教学活动基础之上。运动训练包含多项内容,就目前发展状况来看,运动训练对竞技性的要求更高,而这一过程基本上以运动训练为主,整个运动训练过程的良好完成都是建立在大量运动训练基础上的。在体育教学过程中,随着教学活动和体育训练的开展,不仅能够帮助有效掌握体育理论,同时能够养成良好运动习惯和健康习惯,而这一系列都离不开运动训练的开展。

对体育教学和运动训练关系的互补分析研究对于体育教育来说十分重要,只有正确地处理好二者之间互相补充、相互促进的关系,才能在教学过程中实现理论与实践的紧密结合,才能够达到运动训练的效果,完成体育教学目的。而通过对两者相同性的正确认识,也将实现体育教学与运动训练之间的合理发展。随着时代要求的不断提升,要想适应这一变化,就需要改变以往传统单一的教学方式,创新教育形式,由封闭教学、机械教学转化为创造性教学。只有教育观念发生了本质的变化,才能跟上不断变化的时代形势。在变化发展的过程之中,转变旧的、落后的发展方式和成长理念,促进新的教育教学理念的形成,这样才能提高我国的体育教学整体水平,促进运动训练成绩的不断提高。

第二节 高校运动训练和体育教学的发展趋势

一、我国高校体育运动训练中存在的问题

(一)不重视体育专业理论知识的学习

广义的体育运动训练实践既包括训练实践也包括体育专业理论知识的学习。但是目前,我国许多高校受教育思想的影响,在促进大学生个性发展的同时,对大学生的文化知识学习过于放松。尤其是体育专业的大学生,很多都不注重专业理论知识的学习。这就导致其在体育运动训练中,对教练员的指导理解不正确,难以把握住体育技能要点,同时更容易

发生运动损伤,体育运动训练成果不理想,技能水平提升较慢。

(二)体育运动训练课程设置不合理

近几年来,随着社会经济的发展和时代的变革,体育事业也进入产业化阶段,这就对专业的体育运动训练员提出了更高的要求。而我国众多高校的体育运动训练课程在训练内容设置上落后明显,难以满足当前体育产业化阶段市场对专业体育人才的要求。所以我国高校必须积极调整与变革相应的体育运动训练课程的内容,使其更具有科学性、专业性与时代性,以此优化高校体育运动训练质量,提升其训练有效性。

(三)高校运动队管理科学性不高

现阶段,我国高校体育运动队的管理还不是十分科学,这主要表现在两方面。第一,缺乏专业的体育运动教练员。众所周知,体育运动教练员的训练水平直接影响着大学生运动员的体育运动训练成果。目前我国高校的体育运动训练员一般都是由本校的体育教师兼任的,并非专业的体育运动教练,这样其体育运动训练能力自然有限。所以高校体育教师对大学生体育运动员的体育训练成果并不理想,我国高校运动队的管理方法必须及时调整与改革。第二,我国高校运动队在选拔大学生运动员时,过于注重大学生运动员的体育天赋与体育技能,忽略了对大学生文化素质、心理素质、思想道德等方面的考察,大学生体育运动员虽然体育天赋不错,但心理承受能力较差,意志力不强,这样在训练过程中他们就很难长久坚持,遇到挫折往往会情绪低落,从而直接影响体育运动训练成果。

二、高校运动训练与体育教学的发展趋势

(一)通过运动训练促进学生素质的全面发展

体育教学的重要表现之一就是发展人的自然素质,这主要是因为自然素质在人的素质结构中最为基础,而自然素质就是指身体素质,且能够通过体育教学进行锻炼与提升。想要达到这一目的的人,就需要承受一定限度上的负荷。高校学生在兴趣爱好、体育观念、身体形态以及素质等方面存在着一定的差异,其体育运动的水平自然也存在着一定的差距。针对这一点,教师就需要通过合理运用运动训练手段,结合学生的实际情况制定出相对合理有效的课程模式,减轻学生在锻炼过程中承受的负荷,使其在体能与体格等方面得到切实有效的锻炼。

(二)运动训练与体育教学的互动发展

要想顺利开展高校体育教学,就需要确保运动训练与体育教学相互依托,互为一体。高校体育教学一旦脱离运动训练,势必缺乏必要的美感与激情,无法使学生的积极性得到调动;体育教学是运动训练的基础,运动训练一旦脱离了体育教学,势必也得不到良好的发展。因此,运动训练与体育教学需做到同步发展,即高校可将体育教学作为竞技体育发展的基础,充分利用运动训练、课余体育竞赛、课堂教学等方式,使学生的技能水平与体育意识得到

强化,确保学生能够正确、深刻地认识体育,培养出一大批运动技术水平较高的积极分子与体育尖子;另外,竞技运动和训练的持续发展也会使体育教学发展得到进一步促进,即通过开展竞技运动可以使学生的集体荣誉感得到提高,激发学生参与训练的热情与积极性,并最终促进高校体育教学实现健康长远的发展。

三、提升高校体育运动训练有效性的科学策略

(一)培养大学生体育运动员的运动兴趣

兴趣是最好的老师,人们对某件事情的兴趣爱好,对于推动事情成功至关重要,对于体育运动训练来讲也不例外。大学生体育运动员如果具有浓厚的运动兴趣,那么在进行体育运动训练时,就会主动且全心贯注地投入其中,这样他们在整个训练过程中对于体育运动训练方法和体育运动训练技巧的认识更深刻,掌握也更熟练,其体育运动训练的有效性也就随之显著提高。而培养大学生体育运动兴趣的方法主要有以下两种。第一,积极鼓励大学生运动员邀请自己的运动员同伴一起进行体育锻炼,并在锻炼前设定竞争规划,锻炼过程中彼此竞争,相互鼓舞,共同提高体育运动训练的效率。第二,积极报名参加各类体育运动会,通过对实践体育赛事的亲身经历,激发起大学体育运动员的参与体育运动的兴趣。

(二)培养大学生体育运动员的体育精神

在体育运动训练中,运动员需要消耗大量的体力,拉练全身各个部位,唤醒身体的运动状态,并随时承受运动损伤的风险,也就是说体育运动训练本身是一件十分艰苦的活动。再加上近些年来,我国人民生活水平的提高,许多大学生从小娇生惯养,倍受呵护,缺少吃苦精神和顽强的意志。要在这项艰苦活动中长久的坚持下去,没有体育精神的支持是很困难的。所谓体育精神一般是指体育运动的整体风貌、体育运动水平、体育运动特色、公正、公开和凝聚力、号召力等,这也是体育的理想、情操、信念、道德与体育审美水平等的标志,是整个体育运动的支柱和灵魂。只有具有了强大的体育精神,运动员在体育训练中,才会更加的不畏困难、艰苦奋斗、自觉地维护团队的团结公平。而体育精神并不是每个运动员与生俱来的,而是在平常的体育运动中训练一点点培养起来的。这就需要大学体育运动教练重视大学生体育运动员体育精神的培养,将体育精神融入体育专业理论知识教学中,不断加强大学生体育运动员对体育专业理论知识的学习。通过对体育文化知识的学习,加深大学生运动员对体育精神的深层次精神感悟与理解。

(三)重视大学生运动员良好心理素质的培养和训练

体育运动员心理素质的好坏会显著地体现在体育训练的每一个环节上,有时甚至会细化到运动员的每一个体育动作中。如果大学生运动员缺乏良好的心理素质,心理承受能力差,在体育训练中一旦受到挫折,很容易陷入垂头丧气、情绪失落、萎靡不振等不良运动状态中,直接降低体育运动训练的有效性。所以体育运动训练员必须重视大学生运动员良好心

理素质的培养,并在平时的体育运动训练中通过科学化的心理素质训练方法不断增强大学生的心理承受能力,促使他们随时保持一个良好的心理状态,并在这种良好心理状态的影响下,使身体训练进入预期的最佳状态。

(四)进一步加强对高校体育运动队的管理

目前我国高校体育运动队的管理并不科学,这就要求相关高校从大学生运动员和体育训练员这两方面进一步加强对高校体育运动队的管理。一方面,在选择大学生运动员时,将他们的文化知识水平与体育技能、体育天赋作为其入选资格的共同依据。另一方面,高校要及时改变传统的体育教师兼任体育训练员的落后管理方式,在大学中将专业的体育竞技和日常的体育教学工作独立开来,并为体育运动队聘请训练水平高、训练经验丰富的专业的体育教练员,负责高校的体育运动训练工作。

(五)制订科学合理的体育运动训练计划

体育运动训是一件需要长久坚持的艰苦事情,在日积月累的长期训练中,才能实现身体素质的增强与运动技能的提升。尤其是对于专业的体育运动员来讲,运动训练量更大,日常训练过程也更艰苦。这就需要体育运动训练员根据自己丰富的实践训练经验与队员的身体素质状况,制订科学合理的体育运动训练计划,通过该计划将艰巨的体育训练任务细化到各个阶段,各个环节,有步骤性、有重点地展开相关的训练活动,最终达到高效优质的训练目的。

(六)加强对大学生运动员本体感觉的研究

所谓本体感觉一般是指关节、肌腱、肌肉等身体各个部分的运动器官自身处在不同状态(静止或者运动)时,所产生的身体感觉。作为人体最基本的感觉系统,本体感觉的灵敏限度对于体育运动员的训练水平与训练质量有重大影响。一方面,本体感觉在运动员进行体育运动训练时,可以准确提供出运动员身体姿势变换与运动员四肢位置转变的信息,精确地感知到运动员目前所处的相对位置。它虽然不能直接显现在某一体育运动项目上,但是却可以间接影响体育运动训练成果,它通过有效控制体育运动员身体各关节的活动尧协调运动员的身体各部位的动作配合,促使运动员做出的体育动作更到位,并确保运动员的身体平衡。另一方面,本位感觉还有助于大学生运动员有效预防体育运动训练中的各类运动损伤。所以高校体育运动训练员必须进一步加强对大学生体育运动员本体感觉的研究,深入了解各个运动员的本体感觉灵敏限度,并将其有针对性地应用到日常的体育运动训练中,最终提升大学体育运动训练的有效性。

综上所述,目前我国高校传统的体育运动训练机制存在的问题越来越明显,其落后的训练方法与管理方式已经难以适应时代的发展需要。这就需要各大高校积极采取科学策略,对高校体育运动训练进行变革与创新,通过更加科学化尧专业化训练与管理方法,进一步提升我国高校体育运动训练的有效性,优化高校体育运动训练质量。

第三节 高校体育教学与运动训练理论实践研究

当下高校各类教学活动中,智育压倒体育的趋势愈演愈烈,德育教育在高校教学过程中也因此被淡化,因此,体育课堂教学急需改革,通过构建高效的课堂改革新模式和新体系,进而实现全科育人的教学理念。从当下体育教学实践上来讲,良好的体育教学课程与训练课程关乎人才的培养质量和运动训练专业化技能的提升,对加强学生心理健康教育和学生做好职业生涯规划有着积极影响。

一、制约我国高校体育运动训练专业课的设置因素

(一)课程内容设置与人才目标偏差

当下,我国运动专业训练还沿用教练员本位的教学理念,尤其在实践体验课程活动中运动训练专业的课堂设置仍将关注点都集中在学生是否达到预定的要求,在某种限度上来说,忽略了学生的心理健康要求,违背"健康第一"的教学原则,不利于增强学生心理素质。目前,我国体育教育专业课程分为二大类:第一类,要对运动生源进行系统和理论化的教学;第二类,对普通学生开展全面训练要求。但是,由于运动训练的专业课程内容有部分偏差,导致人才培养目标相对落后,因而,专业培养目标不清晰、运动训练专业培养方向狭窄、学科和科目比例不够协调、必修和选修课混乱等问题,导致课程设置缺乏科学化。

(二)评价层次与结构不协调

体育运动训练专业课程层次的协调与否,与体育运作质量的均衡化有着直接关系,如若课程层次不够清晰,那么就会导致训练专业课程不够规范。另外,衡量课程层面专业的关键要素是体育分数,即评价方式,体育评价是衡量体育教学质量的重要标准,若评价标准过于单一,评价体系的层次与结构不协调,也会给体育考试带来诸多负面影响。很多学生平时不重视体育锻炼,在考试前"恶补",延长训练时间,加大训练量,导致训练效果不理想。因此,为提升训练效果,教师应该选用学生更能接受的方式提升学生的体育锻炼能力,培养学生的运动兴趣,让学生掌握良好的运动技能。另一方面,对于学生体育课程的评价标准也要与时俱进,不断创新,不以唯一的考试分数衡量学生的课堂表现。

二、高等院校体育教学与运动训练发展性构想

(一)建构特色化体育课程体系

体育课程建设的要求主要从引领、规划、建设等几方面入手,这些都是体育课程设置的关键驱动力,让各级的院校领导从繁复的事务中脱离出来,还原教育本身。教育主管部门也应该积极组织高校体育课程教材的调研工作,让学校思考、规划体育课程。构建的体育训练

专业要符合校本特色化要求。在此基础上,培养高校学生的体育素养,不仅要关注学生评价,更要关注课程评价,摒弃过去重视课堂忽略课程的形式,构建更具特色的运行训练专业课程体系,由此才能构建完整和富有特色的学校运动训练专业化体系。

(二)创新运动训练专业课程设置

通过高校的体育运动训练专业课程创新,让体育课程教学质量实现跨越式发展。我国的体育教育要走特色化发展道路,起点是培养学生的体育运动兴趣,力争让学生养成终身体育锻炼的习惯。体育教学活动的关键是为了推进学生的锻炼能力,使学生通过体育课程培养自己的体育锻炼能力,养成热爱体育、不断加强体育锻炼的良好习惯。高校要不断地深化体育教学改革,发挥学校体育运动训练课程的主导作用,持续推进体育健康教育,让学生全面掌握运动技能,更要重视学生健全人格方面培养。体育运动项目的开设一方面是身体建设,另外一方面是心理建设。体育是一项群体活动,比如篮球、足球等项目需要团队配合,因而为在竞争中获取名次,就要队员之间的相互配合,这对提高学生的人际交往能力有很大帮助。所以要鼓励学生多参与体育锻炼,让学生通过体育结交新朋友,并且学会团队之间的配合。此外,体育运动训练也要根据中国的国情完善高校体育课程结构。

三、高校体育教学课程与运动训练实践性研讨

(一)创新当下教学理念并改革教学内容

很多人将体育看成是单纯的体力运动,其实体育在发展进程中更涉及脑力训练。研究发现,经常参与体育锻炼的学生反应和应变能力都比较强。体育训练专业的学生一般文化基础薄弱,导致在理论课程学习时出现学习目标不明确、学习动力缺失、学习方法单一等状况。出现这些状况的真正原因是传统的理论课程教学以教学大纲为主,虽然这种"中规中矩"的做法能够适应教学需求,但是却不能契合学生的专业化特点,导致教学内容单调,学生难以理解和接受,进而失去学习兴趣。因此,教师在选取运动训练专业学生教学内容的时候,要根据学生的学习特点,结合教学大纲的规定要求,遵循"从简求实"、"深入浅出"的学习原则,将理论必修的难度降低,让知识更偏重于操作性,尽量将抽象的知识转向为形象知识,让学生能学、能会、能用,真正达到学以致用。另外,在设置理论选修课程的时候,也要考虑市场需求和学生爱好这两方面因素,加大教育、自然、学科和工具类等边缘学科的课程比重,让学生在学习阶段多涉猎知识,这样不仅能拓展学生的知识面,对培养学生的学习能力的提升也有切实帮助。

(二)运用自讲教学法促进学生能力的提升

自讲教学法主要集中于"导"字上面,"导"即为引导,通过引导让学生对知识有初步的了解,然后再深入地探究知识本质内容。这要求学生要具有一定的主动学习意识,能够积极主动地获取知识,教师发挥"导"的作用,是引导学生的学习方向,避免学生在学习过程中走偏,

这要求教师要根据课堂所讲内容,结合学生的学习实际,给学生提出基本的问题,学生根据问题开展针对性学习,通过查阅文献资料、分析、思考,提高解决问题的能力,进而达到触类旁通。此外,引导自讲,能够提升学生的表达能力,激发学生学习兴趣,调动学习主动性,学生的学习主动性也能由此激发。例如,教师在进行《运动心理学》"社会环境与青少年心理"这一章节时,就可以运用自导法开展讲解,课程开始之初给学生讲解有关社会环境对学生状况的影响因素,让学生通过孟母三迁的案例了解环境对人的影响意义。通过事例引入,学生对环境影响因子有了初步探究,通过有趣的案例探究知识的本质内容。这种自学、自讲的教学模式对学生课下主动获取知识、提升语言表述能力方面发挥了积极作用。

(三)通过讨论研究教学方法助力教学革新

讨论研究教学法的开设则将关注点集中在"论"字上面,教师组织学生探究体育课堂教学方面的论点或者难点,讨论的目的一方面是让学生交流看法,另一方面是通过讨论寻求到解决办法。例如学生在上羽毛球专业课时,不能第一时间掌握好落球的位置,初期接球的时候,直接让膝盖垂直落地,这样不仅不利于方位的调整,还会因为地面的震动导致膝盖受伤。但是借助于课程讨论使学生了解到,如若在运动时脚掌倾斜落地,那么膝盖不垂直下落就能有效规避这一问题。由此教师在设置问题的时候,需要选择和学生的兴趣与需求结合的问题,给学生充分的准备和思考空间;教师组织教学活动,让学生能够畅所欲言,在学习完成讨论以后,教师要针对学生的状况做总结,使学生能够全面、准确地把握知识。借助讨论,不仅学生的分析、理解和逻辑能力能够得到不同限度的提升,学生的领导能力和协调能力也得以发展。

(四)采用联想对比教学方法完成教学实践转型

新一轮的课程改革已经逐步进入到深水区,运动训练专业教学改革要符合国家的"教育改革深化发展"的要求,借助现代化教学资源的整体优势,进一步创新现代化教育教学改革发展新模式,培养创造性的高水平运动人才,不断地完善课程改革发展模式,让体育教育活动更趋向高端化、多元化和集聚化。由于传统的体育观将体育的生物价值属性看成是教学活动的中心,因而关于体育的解释更关注生物学科知识,人们将关注点都集中在运动员的体能、技术等方面。因此,体育院校要树立更为全面的价值观,要在体育教学活动开展的同时增设人文社会学科。在教学活动开展的同时,给学生灌输相关的人文理念,这不仅契合人文与科学相融合的教学理念,也让学生在完成体育训练要求的同时,了解体育文化和体育知识,对提升学生整体素养有积极推动意义。

在课程教学改革的过程中,要强调运用横向联想与纵向对比相接的教学方法,该教学法的关键在于一个"比"字,即理论教学过程中将相似的概念、规律或者现象根据不同的方式进行对比,并且在比较中找到相同或者相似点,目的是加深知识理论能力。这要求教师在教学时需要准确的对比不同材料的相似之处;同时要求学生由此及彼地联想到之前的知识;此外,让多项知识彼此之间形成内部联系,通过建立恰当的联系,让学生寻找到内在知识认知规律。

高校开设运动训练专业课程学习不仅是学习的需求,也是培养学生体育素养的关键性举措。因此,教学时教师要转变专业课程的设置形式,转变运行训练的驱动要素,进而完善专项体育课程,增强学生对实践知识的理解能力,借以优化课程训练和课程改革,进而探寻体育课程改革的新模式。

第四节　体育运动训练基本原则及对高校体育教学的启示

究竟什么是体育运动训练的基本原则,在科学和经济迅速发展的今天,高校教学中的体育运动训练受到教育领域和各界人士的关注。在国家和教育部的政策指导下,全国各地将中学生体育成绩纳入中考成绩,在很大限度上提高了全体学生和教师对于体育重要性的认识。体育运动训练一般是以学校本身的体育训练规律为准,此项标准在一定限度上体现了体育运动的有效性和正确性,这些体育标准都是学生和教师在长期的训练中得出的。

体育有其独特的文化性,高校教学过程中开展了多项体育训练项目,每一项体育训练项目都有着其独特的优势,也发挥着不同的作用和功能。体育教学和体育运动训练有所区别,各有特点,两者在教育实践过程中发挥着不同的作用。对体育教学和体育训练的基本特征进行深入了解,合理掌握两者之间的关系,可以帮助更好地在高校开展体育教学和体育训练工作,推动高校体育教学工作的健康进行。本文根据各高校在体育教学实践过程中获取的教学经验,对高校体育运动训练的基本原则和体育教学的启示进行深入分析。

一、运动训练与体育教学之间的联系

运动训练与体育教学之间有着紧密的联系,在体育教学中经常会借助运动训练的方式来达到预期教学效果。运动训练简单来说就是预先设立好体育训练的目标,进而通过一定强度的运动任务来达到预期训练效果。运动训练是提升学生身体素质水平,增强学生运动能力的有效途径。在体育教学活动中,体育教师应当充分利用科学合理的运动训练方法来促进学生运动水准与体育能力的提升,通过规范化的训练和教学能够高效地促进学生体育成绩的提高,达到理想的体育教学效果。结合规范化运动训练而言,主要可以分为身体训练以及战术训练两种模式。运动训练具有较强的专业性特点,在体育教学中通常需要教师进行专业的示范和指导,然后引导学生进行反复、大量的训练才能够获得良好的训练效果。在体育教学中运用运动训练需要综合考虑学生的体质特征、接受能力以及训练目标等多方面因素。除此之外,还应当结合教学目标、场地以及设备条件等合理设计运动训练的内容和强度。运动训练有效展开的影响因素包括多方面,教师的自身专业性、学生的身体素质水平、

运动项目和教学目标等都是影响体育教学中运动训练方式的主要原因。因此,需要在保障体育教师专业水准的基础上,对运动训练有更为深入的把握和理解,才能够充分发挥运动训练的积极作用和效果,促进体育教学有效性的提升。

二、体育运动训练的基本原则

(一)健康性原则

该原则要求全体学生要在保持身体健康的前提下才能参与正常体育训练,训练过程中通过加强训练来不断增强学生的体质。教师在开展体育教学的过程中也要注意体育项目的安全性,以学生身体安全为前提,以提升学生身体健康水平为目的来进行各项体育项目训练。在坚持健康性原则下,长期坚持训练才能更好地发展身体机能,才能更为高效地开展体育教学。

体能是通过力量、速度、耐力及身体协调和柔韧限度等运动素质表现出来的人体基本运动能力,体能的锻炼是以增强学生健康和提高学生基本活动能力为目标。健康体能指的是人们能通过适当的训练在日积月累中锻炼提升自身素质,让身体更容易适应陌生的环境。例如,夏季天气比较炎热,学生在高温环境下进行体育锻炼会排出很多汗液,身体流失大量水分,一些身体较差的同学甚至会出现脱水现象。冬天是个流感高发的季节,许多学生很容易染上风寒感冒,进而影响学生参与正常的体育锻炼,甚至影响正常生活。当学生经过长期的体育锻炼后,身体适应能力会有所提升,能更好地适应各种天气环境,减少因为抵抗力弱而在天气突然变化时生病的情况。当然,在体育运动训练过程中,所有的体育运动项目训练都需要在学生身体健康的前提下开展,如此长期坚持训练才能更好地发展身体机能,继而促进学生的全面发展。

首先,贯彻健康性原则的根本目标就是增强学生的体质和发展身体机能,围绕这一目标,让学生进行运动训练。

其次,在思想上,健康性原则应该是所有问题的根本,学校开设相关的运动项目就是希望学生们能通过一定的体育训练,达到提高自身素质的目的。虽然追求高素质人才是办学的主要目标,但是保证学生的身体健康是办学的重要理念基础。学校在给体育教师安排体育教学工作时,应听取众多教师共同商议的意见和建议,保证所采取的训练在学生身体的接受范围之内,不能因为想要提高身体素质而参加过量的体育运动,这样反而对身体某些部位造成伤害。

再次,体育训练的基本原则是让学生根据个人身体素质,适当锻炼,循序渐进,虽然教师在日常的教学工作中会鼓励学生积极面对并且努力克服困难,但是所面对的困难和挑战也应该在学生的接受范围之内,不应给学生过高的体育训练目标。此外,学校应要求体育教师将健康性理念传给每一位学生,保证健康性理念在每一位学生的心目中根深蒂固,学生在参加日常的体育活动和训练时一切都应当以健康为准。

最后,体育教师也应在体育教学中梳理好健康性原则,尽好自身的义务,时刻关注学生的身体情况。学生在参加有些危险的容易对身体造成危害的体育活动时应该注意提醒其做好防范措施,所使用的训练设施也必须符合标准,保证不会因为设施出现质量问题或防范措施没有做好而让学生身体受到伤害。

(二)全面性原则

全面性原则指的是学生在进行体育活动或参加体育训练时,为了让身体的各个方面都能得到锻炼,展示自己的体育天赋,学生所接受的训练和活动也应该具备全面性原则。这些活动和训练,不能单纯地停留在表面或只单一参加某些体育运动,应具有多元化特点。人体是一个统一的有机体,综合的、多样化的体育训练才能发挥人体每一个部位的机能。因此,体育教师开展体育活动时应该针对性地安排一些相应的训练,每一种训练类型都应该以身体某个部位的机能发展为目的,只有这样才能确保能有效训练开发学生身体的各部分。贯彻全面性原则一般有以下几点要求。

1. 全面发展是学生参加体育训练的目标导向,应该被学校和体育教师重视

只有做到强者更强、强弱兼顾才能更好地进行体育训练,锻炼学生的身体素质。一般情况下,每个学生自身的身体机能都有所区别,身体状况也有一定的差异,运动喜好和自身的运动强项也有所不同。学校和教师为了对学生开展一系列的针对性训练,通常会让学生参加一些体能测试,以对每个学生的身体情况有大致的了解,方便开展接下来的训练工作。教师在日常的体育训练中往往采取许多措施来促进每个学生全面发展,但由于学生的身体机能发展不平衡,在实际的针对性训练中还存在巨大的问题。既然要做到全面发展,那么在保证强项更加突出的同时,弱项应得到最大限度的弥补。教师应充分了解每位学生身体情况,知道哪个学生哪个项目发展较弱,哪个项目要想取得更好地成绩就应参加大量的训练。

2. 学生在参加大量训练的同时,也应该在教师的引导下调节好身体素质和运动能力之间的关系

不能单纯地只追求运动能力的提高,而忽略了身体素质的提升。只有具有较高的身体素质,学生才能积极地全面地发展。身体素质和运动能力,两者相辅相成,当学生经过一定量的体育运动之后,其运动能力会有相应提高,身体素质也会因为运动能力的提高而提高。

三、体育运动训练对高校体育教学的启示

(一)体育训练的内容和过程对体育教学的启示

运动训练主要是针对一些具有竞争性的运动项目而开设的。体育竞技能带给人们精神上的享受,是人们生活娱乐的一种方式,同时也是一种具有较高水准的体育活动。竞技不仅能带给人们许多快乐和享受,还能够动员全校师生参与其中,在锻炼身体、丰富课余活动的同时体会体育活动带来的乐趣。一些天赋较好的运动员在报名参加体育竞技时,在参与竞

技比赛中全力以赴,锻炼自我、超越自我,也成为学生学习的榜样,其体育精神可以鼓舞士气,引导越来越多的人参与到体育活动中,并且爱上体育运动。例如,教师在组织跑步比赛时,要考虑到体育活动给学生带来的作用。跑步比赛能够激发学生的竞争意识,在赛跑中不断提升自己,获得全新的体会和感受。这对学生的身心健康发展非常有利,能够帮助学生进一步激发自身潜能,发挥更大的优势。同时,这对学生的全面发展而言也非常重要,如果想让学生切实发挥出自身素质能力,就必须结合体育训练的内容进行考虑,在教育教学活动的影响下帮助学生完成充分的学习体会,体育教师要将重点放在学生整体素质的培养上。

(二)训练方法和训练原则对体育教学的启示

学生在参加体育训练时往往会受许多教学因素的干扰。学生在参加体育训练时,教师使用的方法应严格按照教学原则来施行,不能存在偏差。与此同时,学校和教师要根据教学的情况和学生体育训练的实际情况,定期进行研讨,总结相应的经验,只有不断地总结训练方法和相应的训练原则,才能更好地帮助学生积极、健康地参加体育活动。高校体育训练所采取的教学方法和原则有很多相同之处。例如,在进行俯卧撑训练时,教师可以给学生以正确姿势的引导,让学生能够养成良好的体育练习方式,在锻炼过程中不断提高自身素质,也有利于学生在训练过程中养成认真负责的态度,并逐渐成为影响学生一生的重要行为习惯。因此,训练方法和训练原则对体育教学而言非常重要,为促进学生的身心健康发展,应结合体育训练的过程,逐渐提升整体学生的体育素质。体育训练基本原则对高校体育教学有很大推动作用,要求教师必须利用合理的训练方式来进行体育教学。

(三)先进知识与科学技术的启示

正如上文所言,运动训练具有一定的专业性和系统性,所以在训练过程中会采取一些较为先进的训练理念和训练方法,也能够接触到最为先进的训练器材设备等,还能够充分的与最新的科技水平相结合。相较而言,运动训练具有一定的先进性和专业性。而这些方面刚好可以弥补体育教学的不足之处,体育教学中可以主动的加以借鉴和学习,利用运行训练中的先进知识与专业技能展开教学活动,进而完善体育教学的质量与水平,全面的促进体育教学有效性的提升。

体育训练的开展工作是一个连贯的过程,学生在参加体育活动时必须严格遵循健康性原则和全面性原则。学生在参加体育活动时要积极踊跃,教师要选择针对性的项目开展训练,将学生锻炼成全面型体育人才。教师自身也要具备较强的专业教学能力,提供更多更完备的体育设施来完成教学目标,从而帮助学生更好地参加体育活动,并培养出一批又一批优秀的体育人才。

四、高校体育运动训练课的发展策略与建议

(一)完善课程设置,坚持"健康第一"的教学理念

在教学课改形势下,体育选修课程应对高年级学生进行开设。课程设置应遵循以学生

为主导,充分考虑学生现有的心理水平及兴趣限度,重视学习过程和学生的主体地位,全面提升学生的综合素养。在教学改革背景下,高校应不断转变传统的以运动技术为核心的教学模式,逐步树立起"以运动竞赛为中心、以健康为首"的新型教学理念,从而促进大学生的全面发展;应以增强体质、培养大学生体育锻炼能力为目标,帮助其树立全面运动、健康第一的体育意识;要以创新进取、提升实践能力为中心,通过多样化的体育手段,来激发学生参与体育训练活动的积极性;要摒弃以教材、技术和课堂为中心的传统教学观念,关注体育教育,使高校学生的身心素质得到全面提高。

(二)完善体育场馆设施,加强高校体育师资建设

体育场馆设施及各类体育运动器材,是高校开展体育教学活动的基本前提。在我国,大部分高等院校的体育经费,均是由政府拨款或者是由高校自身筹备而来。假如不能正确分配这些教育经费,势必会影响高校体育教学的改革进程。基于此,在继续扩招的前提下,高校还应确保体育经费同学生数量同步,并加大体育经费支持力度,逐步完善校内各项体育设施,从而更好地满足高校当前的扩招需求。与此同时,教师是高校体育运动训练课程教学中的引导者,其综合素质的高低,不仅关系到体育教育改革的成功与否,同时也影响着体育教学的工作质量。为此,各高校应吸引和培养更多经验丰富的体育教师,使师资队伍结构得到全面调整和优化。要引导和扶持中青年教师在职期间接受深层次教育,使学历层次得到逐步提升;应适当鼓励本校在职老师去其他省市读硕士、博士等,为本地区输送更多的优秀教学人才;此外,要创造优越的教学环境、条件,高薪聘请或吸引外省教学经验丰富的体育教学老师,从而不断优化高校体育教师的人才结构。

(三)丰富教学训练方法,构建科学的教学评价体系

高校应立足于当前教学实际,将教师的教法与学生的学法综合起来,营造有助于学生全面发展的和谐环境。要以学生为主导,恰当运用"发现、做示范及问题教学"等方法。转变传统的教学组织形式、通过更新教学方式、提升技术等级等方式,为学生营造良好的学习情境,使之成为体育运动训练课中的主人,从而不断改善教学效果及质量,促进教学目标的顺利实现。此外,要构建科学的教学评价体系。高校体育课程评价是高校体育教学中必不可少的环节,一旦评价方式运用不恰当,很容易降低学生的学习主动性,严重时还将导致其厌烦体育课。基于此,一套有效的评价体系,应包含运动技能、活动参与以及社会适应等诸多方面。高校体育运动训练成绩的评价,既要遵循《体育与健康课程标准》中的相关要求,同时也应关注学生学习的各个阶段,要综合运用学生自我评价、他人评价等方式,使高校体育运动训练课的教学质量得到有效提升。同时,在实际的教学过程中,体育教师应做到"区别对待",针对那些素质条件先天不足的学生,应适时予以鼓励,从而帮助其树立学习体育的信心。

(四)营造校园体育文化氛围,组建教学类体育俱乐部

当前的教育形势下,高校应贯彻落实好《纲要》的规范及要求,要始终坚持"三自主"方针(在教学内容、上课时间和授课教师上,学生有绝对的选择权),逐步创设先进的体育文化氛

围。首先，应立足于高校现有教学模式的实施状况，以"三基型"为基础，逐步实施"二段型"教学模式，使大学生能对体育运动训练课有更浓厚的兴趣；其次，应稳步发展和推进，假如高校已推行"二段型"教学模式，则可在校内成立教学类体育俱乐部，并将管理权限下放给学生社团。要从时间、器材、场地及指导力量等方面为学生提供条件，必要时可延长学生借还运动器材时间，或者延长学校向学生开放体育场馆的时间；可为学生配备1～2名体育运动教练，让体育俱乐部成为学生锻炼身体、体育课拓展和学生个性培养的根据地。最后，应深入分析学生在课余及假期的生活方式，鼓励学生将假期利用起来，踊跃参与各类健身活动，从而逐步培养学生的终身体育意识及能力。

综上所述，体育是人类发展进程中的历史产物，其表现形式多种多样，因此人们在体育运动中具有较多的自主选择权。体育教学与运动训练之间存在着千丝万缕的联系，运动训练的原则及方法等对体育教学有着一定的启示作用。本节简要地阐述了运动训练与体育教学之间的联系，介绍了运动训练的基本原则，并进一步分析了运动训练对体育教学的启示和作用，以期能够更好地促进体育教学活动的有效展开。

第七章 素质教育视域下大学生体育教学评价

第一节 体育教学评价的发展与规范

一、体育教学评价的发展对策

(一)不断发展和完善体育教学评价的体系

1.保持评价主体的多维性

随着高校体育教学制度的改革,体育教学评价的主体也发生较大改变,从之前的教师与学生,逐渐发展为目前的多元化结构,即教师、学生、家长、校方和社会团体等。这也改变了传统体育教学评价主体的单一化现象,避免了体育教学评价的局限性和不全面性。例如对于学生的体育学习评价,教师对学生在校内的体育活动有着较为全面的认识,家长对学生在校外的体育表现也有着一定的认知,但是家长的评价在传统体育教学评价中很难得到重视,这就造成了对学生体育学习评价的局限性。因此,我们在进行体育教学评价时必须保持评价主体的多维性,这是保证评价结果全面性和准确性的必要条件。

2.注重评价客体的多维性

在高校进行体育教学评价时,由于个体的差异性,使得被评价的对象之间存在着一定的差异,这就很难通过统一的评价标准来进行衡量。过去,并没有对此情况给予足够重视,而长期发展下去,必然会对学生的体育学习兴趣造成不良后果。因此,高校在进行体育教学评价时,一定要注意评价客体的多维性。这就要求在进行体育教学评价前,应对评价对象的具体情况进行分析,并以此为依据进行分组评定,从而实现体育教学评价的公平性,也使每一个参加体育教学评价的个体获得成就感,提高其参加体育学习的积极性。

(二)建立多元化的体育教学评价模式

在以往的体育教学评价过程中,其模式过于单一,即往往是以上级对下级的主观评价为主。其主要的评价方式是结果式和量化式的评价,从而很难对评价对象做出真实、科学的评价。因此,为了实现现代体育教学评价的全面性、科学性和真实性,关键是要建立起人性化、多元化的评价模式。例如采用"教师评价+学生自身评价+家长评价"的模式,并将肯定性的语言描述与过去的打分制相结合,对形成性评价方式给予更多的关注,实现与被评价者的交流。

(三)建立健全体育教学评价的反馈机制和保障机制

获得评价信息的关键方法和唯一途径便是反馈,健全的体育教学评价反馈机制是评价活动有效开展的关键性条件。信息论的观点认为,信息是一个系统实现有效控制的基础,而反馈则是评价主体获取信息的途径,所以体育教学评价反馈机制是否健全,直接影响着体育教学评价系统是否能够得到有效控制。为此,建立多条反馈渠道是保证体育教学评价主体能够及时收集到有效评价信息的关键。例如:健全和完善学生评价反馈渠道、家长评价反馈渠道;丰富评价反馈的内容,如在反馈的同时附上评价对象在整个学习过程中的表现以及需要改进的地方,同时提出希望等;改变以往在学期结束之后的反馈,实行学习中的反馈。此外,为了保证评价反馈机制的有效运行,还应建立体育教学评价反馈机制的监督机构,以便对高校体育教学评价反馈情况进行监督。通常来说,规章、条例、制度可对评价主客体在评价活动中的行为起到约束和控制作用,为高校体育教学评价活动起到保驾护航的作用。高校体育教学评价中之所以出现了一些问题,其缺少规章制度或者对规章制度的漠视是重要的原因之一,例如在进行体育教师自评和互评时受利益、人情等因素的困扰易导致评价的形式主义和评价结果的失真等。评价的规章制度起着约束全校师生及相关工作人员在评价中的行为的作用,所以高校相关部门应总结评价经验,深入调查听取广大师生的建议,建立切实可行的评价条例规章制度。另外,在健全规章制度的同时还要加大对规章制度的执行力度。

二、体育教学评价的规范

体育教学评价是依据体育教学目标与标准,对体育教学的质量进行定量与定性的价值判定。在当前体育教学改革中,体育教学评价的问题越来越受到人们的重视。新课程改革以来,也出现了各种体育教学评价的指标、方法与体系,甚至是用计算机操作的各种评价软件,这说明体育教学评价在走向科学化、准确化、全面化的道路上迈出了一大步。但是我们制定的体育教学评价标准与方案不能仅仅停留在理论层面上,还需要有更强的操作性与更大的实用价值,否则理论研究成果只能是纸上谈兵,没有实践意义。

(一)更好地发挥体育教学评价的反馈功能和指导功能

反馈功能和指导功能是体育教学评价的两个有机联系的基本功能,在实施体育教学评价的过程中,应注意把教学评价与体育教学的其他组成要素有机地结合起来,不能为评价而评价。首先,教学评价与预设的目标要紧密联系起来,评价的结果将为目标达成程度作一个判断与反馈。如果评价情况良好,那么预设的目标就是合理的;如果评价结果不理想,那么教学预设与教学准备就存在较大的问题。如果存在问题,就需要进一步调整思路,检查每一个教学环节与教学策略,找出问题并加以修正和完善,从而进一步指导教学实践工作,这样的评价才具有真正的意义与价值。

(二)分别制定体育教师教学评价体系与学生体育学习评价体系

教学包含教师的教与学生的学两个方面,因此教学评价也应该从这两个方面分别进行。目前有关学生学习评价的研究较多,但有关教师教学评价主要集中于课堂教学评价。这样,有关教师教的评价与学生学的评价内容就难以得到全面、公开、科学的评价。因此,学校要深入研究教师与学生有关教与学方面的评价,建立一套较为客观的、全面的评价体系。

(三)建立符合中国国情的相对科学的体育教学评价指标

从系统论的角度分析,体育教学目标应该简单、科学、具有可操作性,而体育教学评价是一个检验教学目标达成情况的重要参考坐标,因此也应该与体育教学目标相对应,具有简洁、实用、客观、科学、可操作等特性。虽然近年来研究体育教学评价指标是一个热点,但大多的评价指标还是存在复杂化、基层一线教师难以操作、工作量大等不足。因此,建立符合中国国情的相对科学的体育教学评价指标,是今后体育教学评价的一项重要工作与任务。为实现这一目标,一方面,应加强体育教学评价体系的理论研究;另一方面,应开展体育教学评价改革的实验研究。在借鉴国外教学评价的有益经验的同时,结合我国自己的实验研究,消化、吸收、构建具有中国特色的体育教学评价指标体系。

评价的指标涉及科学性问题,如何制定科学的评价指标是一个关键性的因素。科学制定评价指标包括以下几个主要的环节。

1. 初拟指标

初拟指标是根据体育教学评价的目的或主题,由研究人员对评价内容的理解和实践经验初步确定指标。初拟指标常用的方法主要有以下两种:①因素分析法。将评估指标按评估内容本身的逻辑结构逐级进行分解,把分解出来的主要因素作为初拟评估指标的方法。从分解评估目标开始,由高层到低层进行。越是下一级的因素越是具体、明确,直至分解到因素可以观察和测量形成末级指标为止,从而形成一个从一级到二级再到三级直至末级的指标体系。②头脑风暴法和反头脑风暴法。组织专家(一般至少10名)以座谈会或会议的形式,请专家凭借实践经验和学科专业理论针对督导主题即席发言,相互启发,不对他人的意见做批评或阻碍他人发言,最后把专家的意见进行整理,初步提出评估指标。

2. 筛选指标

初拟出的评价指标一般数量较多,不能反映指标的简约性原则,甚至有些指标可能重复、交叉,所以,对初拟指标要进行归类、合并及筛选,从而保证评价指标的科学性、有效性。筛选评价指标一般采用经验法和数理统计法。经验法是根据个人或集体的经验对初拟指标进行归类合并、决定取舍的方法,其又分为个人经验法和集体经验法。

个人经验法是评估指标的设计者个人根据自己的经验,对提出的初拟指标进行比较、排列、组合,通过思维加工,决定指标的取舍。这种方法的优点是以个人的经验为基础,比较简便易行,但人的经验毕竟有一定的局限性,用个人经验法筛选评估指标难免具有片面性。集体经验法其实是一种问卷调查统计的方法,以个人经验为基础,集中若干有经验的专家分别征求意见,并运用问卷统计方法进行指标取舍的方法。其优点是广泛收集高校体育督导评估主题有关方面的专家意见,克服了个人经验法的局限性,又运用了统计方法,筛选出的指标相对具有科学性。

3. 确定权重

评价指标确定后,要根据其在体育教学评价内容中的重要程度给以权重。权重就是权衡指标的分量,确定指标的重要性和地位。权重数的表示有小数、百分数、整数。确定指标的权重数一般有以下几种方法:①集体经验判断。依靠专家和有经验的教育部门领导、高校体育专家、体育教师等集体的智慧、经验,揭示指标对于评估内容的价值的大小,从而确定权重数。这种方法信息量大、全面具体,但其缺点是易受权威人士或多数人意见的影响。②特尔斐法(专家调查法)。用匿名的方式就预先设定的指标权重数向不少于10名专家发放问卷,通过至少三轮的征求、汇集并统一专家的意见和判断,使大多数专家在相互不受干扰的影响下对指标的权重数达成一致意见。③层次分析法。这是一种多目标多准则的决策方法,由美国数学家斯塔首先引入到教育评价领域以解决权重数的确定问题。主要采用两两比较步骤,即将所要比较的各条指标配成对,让有关专家对指标的某一特征进行比较和判断。将比较的结果写成矩阵形式,找出它们的优先顺序,反映出各个指标相对重要的程度,以评价指标相对优化程度。

4. 确定标准

在确定好体育教学评价指标、指标权重后,还要确定评价标准。设计评价标准的步骤与方法是:①设计标度。标度可用定性或定量两种形式表示。定性标度一般用描述性语言表示,如"精通""熟练""掌握""不掌握"等。②设计标号。标号是区分标度的符号。在标度确定之后,只需要用不同的符号,如优、良、中、可、差或优、良、及格、不及格等。

第二节 高校体育教学评价的改革

近年来,随着高校体育教育改革的不断深入,体育教学评价的改革也越来越受到人们的重视。体育教学评价是教育评价的重要组成部分,是依据既定的体育教育目标,通过对评价手段和技术的有效运用,测量、分析并比较体育教学活动的过程及结果,进而给出价值判断的过程。体育教学评价的目的是更好地对体育教学工作进行宏观调控,更加科学地对体育教学工作进行管理,进而促进体育教育的发展。

一、高校体育教学评价的原则

高校在进行体育教学评价时,只有在坚持一定原则的基础上进行科学的评价,才有利于体育教学目标的实现。

(一)全面性原则

在高校体育教学中,教学系统是十分复杂的,教学任务是极其多样化的,因而体育教学的质量能够从不同的侧面得到反映。因此,在进行高校体育教学评价时,应坚持全面性原则,对教学活动进行多角度、全方位的评价,以切实促进体育教学质量的提高。

(二)实践性原则

高校体育教学是一门有着很强实践性的学科,而且体育的能力、水平和素质最终要体现在实践活动中。一般来说,这种实践活动包含体育身体素质、体育技术水平、体育兴趣和爱好四个层面。因此,在进行体育教学评价时,应该在实践活动中进行,并对实践活动的四个层面都给予重视。

(三)科学性原则

高校体育教学评价的结果要想拥有实际的意义,就必须在进行体育教学评价时坚持科学性原则,以客观规律为依据,科学化地选择评价方法、标准以及程序,同时要力避经验式和直觉式的教学评价,一切结果都要有科学化的依据。

二、高校体育教学评价的特征

高校体育教学评价有着自身独有的特征,正是这些特征使得高校体育教学评价能够促进体育教育的发展。

(一)评价内容的全面性

高校体育活动的效果是对各种体育活动进行综合后的效应,因此在进行体育教学评价时,要对教学的内容进行全面性的评价。

(二)评价目标的发展性

高校体育教学目标是一切体育教学活动的出发点和落脚点,集中体现了体育教学主体的价值观念,也是进行体育教学活动成效评价的重要依据。而伴随着社会经济的发展以及思想观念的变化,体育教学目标也会有所发展。因此,在对体育教学进行评价时,要针对发展了的体育教学目标进行评价。

(三)评价主体的多元性

在高校体育教学评价中,教师和学生作为评价主体已摆脱了以前那种消极的被评价的状态,开始主动参与到体育教学评价中来。而且,体育教学评价不再只是教师和学生间的互动,高校、家长以及社会也应该参与这个评价过程中来,使评价成为多主体共同参与的活动。

(四)评价方法的过程性

在高校体育教学评价中,评价方法不再将体育教学结果作为唯一的依据,而是将重心放在了对学生体育学习过程的全程跟踪与考查上。教师开始注重学生学习的全过程,对其学习过程中的进步与发展给予更多关注并及时予以评价。

三、高校体育教学评价的内容

高校体育教学评价的内容,主要有以下几个方面。

(一)高校体育教师对体育教学过程的评价

在高校体育教学评价中,教师对体育教学过程的评价是通过一定的理论与实际方法的运用来实现对体育教学过程与教学结果的评价,包括"教师对自己教学情况的自我评价"和"教师之间的相互评教活动"两种形式。

(二)高校体育教师对体育学习过程的评价

在高校体育教学评价中,教师对体育学习过程的评价在体育教学评价体系中处于主体地位,主要的评价对象是参与其中的学生,包括"教师在学习过程中对学生的激励评价"和"教师对学生体育学习结果的成绩评定"两种形式。

(三)学生对体育教学过程的评价

在高校体育教学评价中,学生对体育教学过程的评价越来越受到人们的重视,包括"学生在学习过程中对教师教授内容的随时反馈"和"有学生参与的评教活动"两种形式。

(四)学生对体育学习过程的评价

在高校体育教学评价中,学生对体育学习过程的评价在新的《体育与健康课程标准》中得到了高度重视和提倡,包括"学生的自我评价"和"学生之间的相互评价"两种形式。

(五)其他评价

在高校体育教学评价中,其他评价主要指的是除教师和学生以外的其他人员对体育教学做出的评价。

四、高校体育教学评价改革的趋势

(一)高校体育教学评价由单一向多元化方向发展

高校体育教学与其他学科教学相比,在课程体系结构、授课方式以及实践活动等方面都存在着很大的不同。而且学生个体在体育素质方面也有着非常明显的差异,这就使得单一的体育教学评价无法保证评价结果的真实性以及准确性。因此,只有将多种体育教学评价的方法综合起来运用,才能使教学评价的效度和信度得到提高。

(二)高校体育教学评价由重视评价结果转向重视评价过程

从当前高校教学改革的趋势来看,对教学和学习过程以及学生实践能力和创新精神的重视成为人们的共识。而且,随着体育教育观念发生的深刻变化,高校不但重视传授体育知识和技能,还更加关注学生的个性发展、创造精神和能力的培养,更加注重使学生实现体育理论和技能的贯通以及体育学科知识和其他学科知识的融汇,更加注重学生对体育知识的运用。因此,体育教学的评价需要与这种转变相结合,从重视评价结果向重视评价过程转变。

第三节 构建高校新的体育教学评价体系的必要性及可行性分析

一、构建我国高校新的体育教学评价的必要性分析

(一)传统的体育教学评价理念已经陈旧

体育教学评价作为教学评价的一个分支,它深受传统体育教学理念的影响。传统的体育教学重视科学性与客观性,为了能有效地预测和控制教育现象,往往把被评价对象置于一个共同的标准和常模之下,用评价者要求的某一种价值要求被评对象"。显然在这种评价理念的导向下,必然会出现用统一的标准要求所有学生的现象。教育部印发的《全国普通高等学校体育课程教学指导纲要》中明确指出,体育课程是促进身心和谐发展、文化科学教育、生活与体育技能教育于身体活动并有机结合的教育过程;是实施素质教育和培养全面发展的人才的重要途径。同时还强调,把高校体育工作的重心切实放到面向全体学生,面向提高学生的身心健康水平上来。很显然,传统的教育理念和新的教育理念存在着很大差别,而传统的体育教学评价是在传统的教育理念的影响下形成的,随着新的教育理念不断深入,势必会促进体育教学评价体系的不断改进和完善,以适应新的教育理念的发展。

(二)传统的体育教学评价体系已不适应新的高校体育教学目标的发展

在传统的体育教学体制下,我国的高校体育教学目标为:增强学生体质,促进学生身心健康发展,培养学生的体育运动能力和良好的思想品质,使其成为德、智、体全面发展的社会主义事业建设者和接班人。而颁布的《全国普通高等学校体育课程教学指导纲要》里,明确了新的大学体育教学目标主要包括五个领域:运动参与目标、身体健康目标、运动技能目标、心理健康目标、社会适应目标。而且这五个目标在基本目标和发展目标里的要求还各不相同。传统的体育教学评价主要是以运动技能和运动技术为主,已经不能适应新的大学体育教学目标的实施。此外,众多研究者提到的传统体育教学评价,在应用中并没有形成一个固

定的模式或体系。通过查阅大量的资料归纳得出,传统的体育教学评价主要是通过标准化的运动技术和技能、体能测试、书面测试、教师观察等手段,综合这些测验结果决定学生课程的等级。传统体育教学评价模式的评价标准是以统一的《国家体育锻炼标准》来衡量所有的学生,是以学生身体素质和运动能力为主,重视终结性评价,轻过程性评价,压抑学生个性和兴趣爱好的发展,严重阻碍了素质教育的实施。为了适应新的大学体育教学目标要求的发展有必要对传统体育教学评价进行改革和创新。

二、构建体育教学评价体系的可行性分析

(一)促使新的教学评价体系在传统体育教学评价体系的基础上继承发展

教育目标的分析、教育的评价和教育的计划,它们构成的环节不断地循环着。当你在评估教育评价的效果时,便会屡次对那些建立在教育前提的'目标'发生改良修正的联想,同时也会提出教授法或指导计划的修正方向。目标和指导计划修正以后,又要求指导法的修正,也要求评价计划的修正,它们是互为循环的,因此教育评价也可促进教育的正常化。可见,科学的教育评价体系在教育决策、教育管理和教育改革等方面都具有强大的推动力,它的改进也是在前一轮的基础上,经过实施——改进——再实施的循环往复进行的。体育教学评价体系的改革也是这样,它不会不无继承地发展,也不会全盘否定地改革。我国的体育教学评价虽然起步晚,但是它也是众多前辈在借鉴国外经验和在体育教学的不断摸索、探究中慢慢形成的。因此,我们在构建新的体育教学评价体系的同时,不能否定传统的体育教学评价在高校体育教学中的促进作用,应该用辩证唯物主义的观点看待传统的体育教学评价体系,取其精华,弃其糟粕,不断促进高校体育课程的改革和发展。

(二)使新的体育教学评价体系更好地服务于高校体育教学改革

进入 21 世纪以来,在我国高校体育教学改革中,教学评价越来越受到人们的重视,这也是近年来有关体育教学评价的文献增多的重要原因之一。作为体育教学过程的一个基本环节,体育教学评价是高校体育中的一项日常工作,它具有对体育教学活动及其效果进行判断、通过信息反馈调控教学过程、保证体育教学活动朝向和达到体育教学目标的功能。建立适应当前体育教学的评价体系,力求突破传统的注重终结性评价而忽视过程性评价的状况,强化评价的激励性和发展功能,把学生的学习态度、体能知识与技能、情意表现与合作精神,通过学习过程的评价(包括教师评价和学生评价)表现出来,充分体现以学生为主体,以健康为中心的教育思想,为学生的终身体育服务,以此推进我国的高校教育改革。

三、构建符合现代教育理念的高校体育教学评价体系

(一)体育教学评价主体的多元化

评价主体的确定是否合理以及能否发挥评价主体的功能,是教学评价取得成功的根本

保证。构建多元化的高校体育教学评价体系,应该让需要使用评价信息的各方面人员都参与到体育教学评价中来,以使评价结果能够很好地满足使用者的需求,使被评和自评相结合,从评价中找出问题,确定改进目标。

(二)评价内容全面化

体育教学评价的内容应该反映时代的精神与要求。在建构教学评价内容时,应从当代素质教育对教学的需要出发。教学评价的内容主要包括教师评价、学生评价、教学过程评价、教学管理评价以及课程评价五个维度,并且每个维度又根据要求划分出不同的层面,在不同的体育教育阶段,内容与要求应各有不同。同时,体育教学评价内容还应具有延续性,以实现评价的整体性与系统性。

(三)评价方法多样化

体育教学评价的方法主要是指在具体的体育教学评价中可以进行操作的手段和程序。应采用灵活多样的评价方式对学生的体育学习行为、学习过程和学习结果进行评价,利用观察、访谈、评价表、档案袋、读书笔记、表演展示等多种评价方式的功能,给予学生选择的机会,让他们在不同背景下充分展示自己已经拥有的知识和技能。通过采用多种评价方法和工具,经常对学生和教师进行评价,并将结果及时反馈给学生和教师,从而实现对教学的有效控制。

(四)定量定性结合化

对学生的知识、技能等可以测量的因素采用定量的方法分析,而对情感、态度、合作精神、自学能力等内在性质的分析则采用描述加等级的方式。

总而言之,教育评价是一件极其复杂的事情,在理想的追求与现实的可能之间往往存在着相当大的差异。高校体育教育改革应是全方位的大变革,作为体育教育重要的一个部分,教学评价改革也势在必行,体育教学评价改革的严重滞后必将会成为制约高校体育教学改革的主要"瓶颈"之一。因此,明确方向,制定措施,建立符合现代教育理念的体育教学评价体系,让其更好地为大学体育教学服务,具有重要的现实意义。

第四节　高校体育教学评价体系改革的策略

一、体育教学评价的本质特征

作为人类特有的一种认识活动,评价是一种以把握世界的价值为目的的认识活动,其主要是表达世界对人的价值与意义所在。而价值本身是存在主客观之分的,评价是为了解释这种主客观的价值关系设计的,而不是去创造关系,因此评价仅仅是一种促进事物发展方向的措施。作为教育评价体系的组成部分,体育教学评价是一种一般评价在教育领域中的体现,是按照一定的评价标准,结合适当的方式与手段,对体育教学的构成要素、过程和效果进行的综合评价活动。体育教学评价的主体是各级教育行政管理部门、社会组织以及高校、教师甚至学生等,客体是教育教学的对象,一般是指教学的质量、教学的整体过程、教学的结果,学生能力的提高程度,以及其他诸多方面。这些都体现出了教育评价中的主体和客体的价值关系。我们在进行体育教学评价时,需要先了解评价主体的需要,其次要搞清楚体育教育的本质,再次要树立正确的体育教学的价值观。只有将三者统一协调起来,才能充分发挥体育教学评价的功能。

二、高校体育教学评价体系改革的策略

(一)更新体育教学评价理念

一个科学评价机制的建立,必须要以素质教育为根本,要抓住素质教育基础性、全面性、主体性、个体性等特点,正确认识高校体育在素质教育中所起的作用,明确高校体育的教育目标。评价机制要确保评价目标和教育目标的一致,并以此为依据设计体育教育评价的指标体系。科学化的评价指标与可操作性强的评价办法才能使评价体系发挥正确的导向作用。因此,体育教育评价的指导思想应全面更新,建立多角度多方法的综合质量评价,既要注重体育知识、技术、技能等学习成果的考评,又要加强对学生体育能力、情感、意志、思想、品质等方面的关注。特别要注重教学效果的评价,加强对教学过程的评价,重视学生在学习过程中的努力程度与进步幅度。

(二)体育教学评价内容多元化

《全国普通高等学校体育课程教学指导纲要》已经把教学目标划分为运动技能、运动参与、身体健康、心理健康与社会适应五大领域,说明高校体育的教学目标是多种多样的,这在教育界和学术界已经达成了共识。因此,体育教育教学评价的内容应该向多元化发展,不能只保持单一的技能或健康测评,同时应该重视对认知、情感等的评价。

(三)注重评价方法多样化

1.自评与他评相结合

评价方法应该多样化,开展自评与他评、学生评价与教师评价相结合。在以往多年的体育教学评价中,教师评价是绝对的评价主体,教师对学生的评价理所当然,几乎没有人对这个权威式评价提出质疑。但是,真正能了解学生主体的是学生本人,而不是教师。心理学认为,外因是变化的条件,内因是变化的基础,要使被评价者自主地去改正自己,就必须先认识到自己的不足和缺点。而目前我国高校正是缺少学生自评、学生评价教师等评价方式,仅仅认可高校评教师、教师评学生的方式。这种他评方式让教师和学生产生急功近利的思想且倍感压力,对学生终身体育习惯的培养和老师的教学效果的提高都是很不利的。而自评的方式,会让教师与学生增强参与的积极性,大大提高主动性,这样就能更好地投入教学和学

习中去。因此,要加强学生自评与师生互相评价,将这两种评价方式与体育教师评价有机结合起来,充分发挥评价方式的功能。

2. 终结性评价与过程性评价相结合

过程性评价侧重于学习过程的纵向评价,相对于终结性评价而言,具有一定的弥补功能。过程性评价的方式比较灵活,可以给教师与学生提供及时的反馈,从而不断改进教学。同时,过程性评价更容易让教师注重学生非智力因素的发展,对体育教学终极目标的实现非常有利。因此,在评价方式中,应将终结性评价与过程性评价相结合,逐渐淡化终结性评价,加强过程性评价的运用,如此可以有效调节教学的各个阶段,让教学过程更趋向于科学与合理,提高体育教学的质量。

3. 定量评价与定性评价相结合

定量评价是一个评价体系最基本的评价标准,在体育教学评价中也占据着主导地位。但体育教学是一项复杂的教育工作,很多东西是不能用量进行衡量的,比如学生的思想、情感、习惯、学习态度等根本无法量化,所以科学的评价体系应该引入定性评价标准,否则这个评价体系就是不完整的。因此,要想全面地把握被评价者的学习情况,应该将定量与定性评价相结合。

4. 绝对性评价与个体差异性评价相结合

个体差异性评价有利于学生增强学习的自信心,看到自己的进步。体育过程重视的是学生的进步与发展,体育学习评价既要采用绝对性评价,又要强调个体差异性评价。具体可以采用"相对评分法"。在学期开学时,通过诊断性评价建立一套学生个人的学习档案,包括对学生的知识、技能、体能等方面的摸底,作为学生的开学起点成绩。通过将每学期结束时的终结性评价结果与学生学期开学时的起点成绩进行对照,就可以发现每个学生一学期学习进步的幅度,从而让每个学生都能看到自己的进步。

科学评价应重视对学生心理健康发展及体育学习态度与情感的评价,培养学生的终身体育习惯。体育教学的目标是为了使学生的身心都得到健康发展,在评价学生的体育学习时,不仅要考虑学生身体素质的提高和运动技能的获得,还要把学生的心理和谐发展作为考查的指标。体育学习的态度体现在参与者参与体育的积极性上,即学生是否积极学习体育锻炼的知识,是否主动投入体育锻炼,是否主动与他人进行体育交往等。可以从平时提问时学生回答问题的程度、学生自行解决问题的能力、学生在运动中的积极性等方面,通过当场打分或口头表扬的方式,及时对学生的学习态度给予评价,以此提高学生的参与意识。只有这样,才能提高学生对体育的兴趣,才能使其养成终身体育的意识和习惯。

我国高校体育的教育目标是为学生的终身体育服务的,而这一目标的实现离不开健全的高校体育教育评价体系。因此,我们应该重新审视传统的评价机制,以改革的视角出发,建立健全符合高校体育教育发展目标的综合性评价机制,以此更好地满足于大学生终身体育的需求,这对促进我国终身体育事业的建设具有重大的现实及战略意义。

第五节　高校体育教学评价体系的构建

在我国各级教育模式中,体育一直是其中的重要组成部分,在人才培养的指标体系中,体育素质的高低是衡量学生综合素质的关键要素之一。而为了适应时代发展的需求,高校教育教学(包括体育教学)中正在不间断地进行着各种各样的改革甚至变革,目的是使学生的专业知识、身心水平、创新程度能够达到社会的预期,实现人才培养的目的。大学生体育教学处于高校体育教学的最后阶段,它不仅关系到学生身心素质的整体提升和素质教育的全面推进,还关系到全民健身活动的实施和高等教育人才培养的质量。但是长期以来,由于历史和社会诸多因素的影响,高校体育教学工作远未得到社会的普遍认可。为此,除了需要在体育教学的资金投入、人才队伍建设等方面加大支持的力度外,还应对教学工作的过程和结果进行必要的评价,发现其中存在的问题,寻找改进的方向。

一、构建高校体育教学评价体系的理论基础

(一)行为目标评价理论

行为目标评价理论采用"结果参与"的模式,将教育方案、计划和目标直接传递到学生层面,通过学生的成绩表示出来,并进一步地将这种"行为目标"作为教育评价的主要依据。其具体实施过程是,首先由教师制定出具体的教学目标,将其与教学结果进行比对,并在这一过程中对教师的教学行为进行调整,使两者最大限度地保持一致。从这个角度讲,行为目标评价理论的评价目的是十分明显的,即通过对实际教育活动结果的确定,达到预定教育的目标。

(二)人本管理理论

人本管理理论从心理学的视角出发,将得到尊重和获得自我实现看作是人类行为中最基本和最持久的动力。只有当个体的心理趋向得到了尊重和重视,才能激发其主体性,促使其积极主动地参与社会活动,并在这一过程中逐渐实现自身价值或者行为价值。无论是作为高校体育专业的教师还是学生,都希望通过对体育教学过程和效果的评价,发现自身行为是否符合组织的要求,由此来开发潜能,明确自身的需要与组织目标之间的关联,继而完成自我价值的实现。

(三)加德纳多元智力理论

体育教学评价体系需要根据时代的要求进行动态的调整,"多元智力理论"便是重构该体系的重要基础。加德纳多元智力理论认为,任何个体能够同时拥有多个(多种)相对独立的智力,且其组合和表现形式因个体差异而不同,不同个体的智力也就具有了不同的特点。

为此,体育教师应从多个不同的视角出发,通过对学生多个方面的观察和分析,来对学生的优缺点进行综合评价,并以此为依据,促进教学水平的提高。因此,在体育教育过程中,除了要促使学生对体育活动进行主动参与和探究外,还应通过彼此之间的交流与合作,强化师生之间的角色互演,达到"教学相长"的目的。

二、高校体育教学评价体系的关键组成要素

(一)学生

学生是高校体育教学评价体系的关键群体之一,对其进行的评价往往要从学习能力的强弱、运动兴趣和运动水平的高低三个方面进行。学习能力主要表现在对体育课程的理解能力、对教师示范动作的模仿能力、对体育技能的应用能力等;运动兴趣主要表现在对运动的整体态度(喜欢、一般还是排斥)、对特定运动项目的接受程度、习惯于单独进行的体育运动还是习惯于集体行为等;运动水平主要包括学生参加"体育达标"测试的成绩、对特殊运动项目运用的熟练程度、身体素质水平等。与此同时,在对学生的运动水平进行评价时,应将其看作是身体基本活动能力和运动参与成绩的综合,并采用开放式的评价形式。

(二)教师

在高校体育教学评价体系中,教师的作用与学生同等重要,但是教师群体的评价内容却更加多元,除了需要对自身进行评价外,还应考虑到教学行为的对象——学生的感受。因此,评价内容包括教学技能水平、教学组织水平和学生满意水平三个方面,前两个方面指向教师,第三个方面指向学生。其中,教学技能水平是教师进行教学活动的"基本功",只有教师具备了一定水平的语言表达能力、语言感染能力和知识储备,才能从事教学活动。可见,这一指标是根本,是最关键的一环。除此之外,教师的教学组织水平将直接影响到教学效果的好坏,组织能力包括教学计划的设计水平、教学进度的合理安排、教学情境的创设、教学节奏的把握以及教学过程中突发情况的处置等。学生对教学活动的满意程度直接关系到教学效果的优劣,涉及的评价指标包括学生"评教"的成绩、出勤情况、作业完成情况等,因为这些指标都在某种程度上反映了学生对教师(体育教学)的满意程度。

(三)教学管理

只有学生和教师的体育教学活动是难以长久地规范开展的,因此,在高校的体育教学评价体系中,体育教学的管理工作是十分重要的,它直接关系到教学工作的整个过程。在这一方面,可供采取的评价指标主要有教学管理单位"对体育教学的重视程度"和"对体育教学的投入水平"。从管理学的角度讲,任何组织计划的有效实施都与高层或主管部门的重视程度直接相关,有时,为了将某计划保证实施下去,需要主管领导的带头促进。体育教学工作也是如此,如果缺少了对体育教学的重视,教学活动就极难有效地进行,从这个角度讲,体育教学工作除了要重视主管部门之外,还应重视学生和教师群体。除此之外,对体育教学的投入

水平也在很大程度上影响着体育教学的质量,这一指标包含的内容有资金投入规模、每个学生的平均资金补助、体育器材和场地的数量及使用效率等。

(四)教学环境

创建良好的体育教学环境,将其与体育教学目标相匹配,最大限度地为体育教学服务,已经成为高校体育教学工作中的一个重要问题。对高校体育教学评价体系来说,教学环境处于体系的最"外围",也是最为宏观的部分。按照现有的研究成果,体育教学环境分为物质环境和社会心理环境两个主要部分,前者指的是自然环境、时空环境和设施环境,即教学活动的位置、场地器材的质量和数量等,后者包括的内容更加广泛,不但涉及教学氛围的优劣,还涉及教师和学生情感的抒发和交流。一般而言,社会心理环境可以细分为人际环境、信息环境、组织环境和情感环境等。

三、高校体育教学评价体系的构建路径

(一)更新和创新评价工作的观念和方法

对高校体育教学进行评价的主要目的之一就是要实现学生健康水平和体质的提高,使其能够更好地适应社会发展的需求。为此,要更新和创新评价工作的观念和方法,将体育教学评价看成一个复杂、全面的价值判断过程。因此,需要广泛地借助各类指标,从学生、教师、教学管理者的行为表现中作出必要、准确的观测和判断,将量性评价和质性评价进行有机结合,突出体育教学评价的重难点,有针对性地发掘和解决体育教学工作中出现的各种问题。

(二)发挥评价对象在评价工作中的作用

在高校体育教学评价的工作中,由于评价对象中学生和教师群体是极其关键的,因此,应在评价体系中重视"人"的作用,做到"以人为本",以促进人的个性发展为目标。除了要关注教师的职业处境和职业需要外,还应最大限度地激发其主体意识,使其成为评价工作的直接参与者。对学生群体而言,应注重对评价结果的进一步应用,按照学生个人运动水平等指标的高低进行激励,使其从被动接受评价结果,到主动接受评价结果,调动其积极性和主观能动性。只有这样,才能使评价对象得到应有的尊重,激发其进行积极体育教学和学习的潜力。

体育教学评价工作是高校体育课程实施体系中的重要组成部分,客观、公正、科学的评价工作能够理顺现有的教学模式,理清教学中存在的问题及问题之间的关系,还能够调动教师和学生的积极性,改善教学效果,促进教学改革的深入。

第六节 高校体育教学评价多元化模式的建设

教学评价就是以教学目标为衡量标准,对教学过程与教学结果进行价值判断,这一过程

不仅是教育的重要环节,同时也是推动教育发展的关键因素。随着我国高等教育改革的不断深入,高校体育教学改革也逐渐走入科学化、规范化的轨道。在这一背景下,不断推进高校体育教学评价体系改革,建立多元化的体育教学评价模式,能够有效推动高校体育教学改革工作的开展。

长期以来,高校体育教学评价存在着评价内容单一、评价手段僵化、评价结果无法真正体现学生的学习情况等问题。这一问题不仅在很大程度上影响了体育教学评价的公正性,更严重的是可能会扼杀学生学习的积极性。传统的体育教学评价模式不关注学生是否已经"会学",而只关注学生是否已经"学会",重视"授人以鱼"而轻视"授人以渔"。从这个角度来看,改革高校体育教学必须要重视改革体育教学评价模式,而改革高校体育教学模式又必须要着眼于调动学生的自主性与积极性,从而实现既让学生"学会",又让学生"会学"的目的。

一、高校体育教学多元化评价特点与作用

在新时期的高校体育教学改革过程中推进多元化的体育教学评价模式改革,如箭在弦上不得不发。而多元化的体育教学评价模式相较于传统的体育教学评价模式来说,有着十分鲜明的特点和十分显著的优势。

(一)高校体育教学多元化评价特点

1. 评价主体多元化

传统的体育教学评价主体集中于教师一人身上,教师一人掌握着学生,这本身就存在弊端。而在新时期的高校体育教学改革过程中,推进主体多元化的评价模式的建立,能够有效避免这些弊端。一般来说,传统的教师"一言堂"的评价主体逐渐向学生自评、学生互评、教师评价等多元评价体系靠拢,一方面解决了教师是唯一评价主体的弊端,另一方面也能够充分体现师生间的双向选择、沟通与交流。

2. 评价过程动态化

相对于以期中考试和期末考试为单一考核形式与考核内容而言的传统体育教学评价,改革后的高校体育教学评价过程则更加具备动态化。教师对学生的评价不仅集中在期中、期末的两次考试成绩,学生的全部学习过程都可以被纳入评价过程中,从而促进学生评价结果的准确化和公平性。

与评价过程动态化同时表现出来的特点还有评价内容的多元化。在新时期的高校体育教学评价过程中,不仅对学生的运动成绩和身体素质进行评价,还对学生参与体育运动的兴趣、积极性以及学生的体育学习进步情况等进行评价。除此之外,多元化的体育教学评价还对学生的体育运动精神、体育创新精神、体育情感体验等多方面进行评价,从而体现体育教学评价的全面性和人本性。

3. 评价体现修正性与激励性

教学评价能够通过自评、互评、师评等多种形式充分考虑学生的学习态度、学习进度、学

习成绩与学习能力等,根据评价结果对学生的不同情况进行分析,开展有针对性的后续教学,能够充分体现教学评价的修正性特点。多元化的体育教学评价模式还具有显著的激励性,学生在多元化的教学评价模式的作用下,充分体会自身的优点与不足,从而在学习过程中与同学互帮互助、互相协作等,有助于学生的全面发展。

(二)高校体育教学多元化评价的作用

1. 有利于促进学生的全面发展

高校体育教学评价体系的改革,归根结底是为了促进学生的全面发展,而多元化的评价体系能够有效促进学生在体育评价中获得体育知识、运动技能、体育锻炼意识、健康心理素质、合作配合精神等,从而促进自身的身心全面发展。与此同时,多元化的教学评价模式还能够推动学生创新意识与创新能力的提高,通过积极引导学生参与不同类型的体育运动,激发学生对于体育运动的兴趣,从而调动学生参与体育运动的积极性。

2. 有利于推动学生的个性发展

与传统体育教学评价的单一标准不同的是,多元化的体育教学评价模式充分尊重学生的个性,注重学生的个体差异性,从而有利于推动学生的个性发展。学生的个性有着相对较大的差异性,而促进学生从"学会"到"会学"的转变,正是体现学生个性发展的重要环节。在高校体育课程的期中或期末考试中,通过多元化的评价内容充分展现学生的不同个性,能够有效促进学生的身心健康成长。

二、构建多元化体育教学评价的途径

构建多元化的高校体育教学评价模式需要充分贯彻落实以人为本的教学理念,在教学改革过程中充分重视教学评价的作用,同时根据不同的评价主体开展多元化的评价方法。

(一)构建多元一体的评价模式

一方面,从体育教学评价的主体来看,高校体育教师、大学生都可以而且应该成为评价的主体,教师承担评价的主要功能,学生根据自身表现进行自我评价,同学间根据相互了解进行互相评价;另一方面,从评价的项目来看,多元化的体育教学评价必须要兼顾学生的全面发展,因此学生的学习态度、体能测试档案与学生的合作精神、心理素质等都应该纳入多元化的评价体系内。教师评价、学生自评、学生互评可以分别按比例进行分配,而学生的学习态度、体测档案、心理素质等则可以分别占到10%的比重。教师对学生运动技能的评价要充分考虑学生的个体差异性,根据学生入学时的体检结果,结合学生在课堂教学与课后运动的情况进行多元化评价,并将学生的进步幅度、课堂表现等通过评价结果充分展现出来,从而对那些上课认真、进步迅速的学生给予一定程度的肯定与鼓励。

学生自评主要是以学生自身为主体,对个人的意志品质、运动观念、学习成绩等进行自我评价,从而使学生更深刻地认识到自身的问题。学生互评则要充分体现学生之间的取长补短,在互评的过程中培养学生互相帮助、合作共赢的理念。

(二)制定符合学生现状的评价标准

教学评价必须要本着"标准统一"的原则进行,在建设高校体育教学的多元化评价模式之前,必须要制定明确的评价标准,且评价标准必须能体现学生的现实情况。教师根据学生的个人情况,本着"因材施教"的理念帮助每一名学生制定符合其自身特点的进步目标,让学生在体育运动和体育学习的过程中能够充分感受到进步。在此基础上,教师要积极引导学生进行自我评价与自我目标的设定,从而推动学生在"学会"的基础上实现"会学"的目的。制定的评价标准在充分体现并尊重学生个体差异性的同时,还要充分体现客观性、公正性、合理性与可操作性。

(三)充分利用现代科学技术

针对当前学生人数众多、情况复杂、信息量大的情况,高校在构建多元化的体育教学评价体系的过程中,必须要充分利用现代科学技术成果,特别是计算机技术,力求评价体系工作的准确、便捷。众多的评价项目与繁杂的评价种类,长时间的评价过程与多等级的换算工作要求教师必须借助计算机技术,其中主要是 Excel 工作平台,对各种表格数据进行分类、整理、计算,从而为建立多元化高效率的教学评价模式打下坚实的基础。

(四)保证学生自评、互评的公正客观

推动学生的自评、互评能够丰富体育教学评价的内涵,体现教学评价的多元化,但是必须要保证学生自评、互评的公正性与客观性。由于学生的身心发展尚未完全成熟,在开展涉及自身乃至他人利益的评价时可能会产生从众心理、自我中心、附和权威、以偏概全等问题,从而影响评价结果的客观性与公正性。因此,教师必须要充分扮演好自身的引导角色,合理运用自身的权威,准确控制评价顺序并重点关注弱势群体,从而避免学生自评、互评流于形式。

综上所述,推动高校体育教学评价模式改革在当前高等教育改革背景下刻不容缓,改革体育教学评价模式必须要遵循多元化的原则,从评价主体、评价标准、评价内容、评价手段等多个领域综合着手,共同发力。

第八章　新时期高校体育教学的优化

第一节　高校体育教学方法的优化

一、新时期高校体育教学方法优化的认识

(一)重要性

优化高校体育教学方法有助于促进高校体育教学实现最优化,从而提高高校体育教学的质量和效果;有助于高校学生更好地获得知识与技能,从而提高其获取知识与技能的能力;有助于推动整个高校教学优化,甚至加快全国高等教育的优化进程。

(二)必要性

1.社会经济发展需要

伴随着经济科技的迅速发展以及国际间联系、交流的日益密切,人们已逐渐进入到信息社会和知识社会,在这样的社会中,劳动者的素质及其各类人才的质量和数量,在很大程度上决定着一个国家的国力和国际竞争力,因而非常有必要培养出更多的高技能人才。而在我国,培养更多高技能人才的重任主要是由高校承担,高校需要不断对其自身的教学观念、教学模式、教学方法等进行优化和创新,以更好地与社会的发展要求相适应。

2.人才发展需要

对于高校学生来说,学习知识固然非常重要,但在学习知识的基础上获得相应的能力,以适应社会的需要对大学生而言则更加重要。这时,就需要高校不断地在教学方法上进行探究和优化,以使其能够实现这一目标。

二、高校体育教学方法的优化现状

(一)教学模式以教材为主进行"灌输式"教学

目前,高校都在积极优化体育教学方法,各种教学方法(如发现式、情景式、分层式、自主式、健康式等教学法)得到推广应用,并取得了一定的成果。但是,许多高校和体育教师的教学模式依然以教材为主进行"灌输式"教学,经常应用的教学方法包括讲解示范法、重复练习法等,没有根据学生的生理和心理特点进行教学方法创新,这样既不利于学生积极主动地学

习,也不利于学生自主创新能力的培养。

(二)过于注重教授运动技能知识

当前,许多高校体育教学过程中,教学方法的应用过于呆板,过于注重运动技能知识的讲授。知识和技能的传授局限于单向、固定程序,而对关联体育学科的其他知识(如体育科学原理、社会人文学、运动人体学、养生保健等)的讲授则不太重视。这样既不利于学生对体育活动和教学的参与兴趣以及积极性的形成,也不利于学生的全面成长和长远发展。

(三)强调教师的主导地位

目前,由于传统教学观念和思想的根深蒂固,许多高校体育教学过分倚重教师的主导作用,而忽视学生参与教学的主动性发挥。许多高校体育教师在教学过程中过于注重自身主导式的教学,课堂上过分控制学生,教学目标仅限于促进学生对所学规定的运动技能的掌握,造成教学过程中没有或缺少学生的积极互动。如此,学生可能会产生厌学心理,学习积极性和主动性难以充分发挥,学习过程中独立思考能力无法有效培养,教学效率大幅降低。

三、新时期高校体育教学方法的优化

(一)聚焦问题

1.依赖性

对于任何一种教学方法来说,一定的教学思想是其赖以存在的基础。但在当前的高校体育教学方法优化中,人们普遍注意于对教学方法的操作模式或是具体程序,而对教学方法得以建立的教学思想很少关注。长此以往,必将导致舍本逐末,导致高校体育教学方法优化无法进一步深入进行。

2.局限性

任何一种高校体育教学方法都产生于特定的环境之中,有其特定的价值取向,并且与某些特定教学目标的实现相联系,因而不可避免地具有一定的局限性。

3.相对性

一般来说,高校体育教学方法优劣的评判需要依据其所要达到的教学目标。故而,高校体育教学方法的优化要深刻意识和认识到这一点,以使其在优化过程中避免机械化和绝对化倾向。

4.互补性

通常情况下,高校体育教学的每一种方法都与其他的教学方法存在着一定的互补结合的可能性和现实性。如果能够对各种体育教学方法间的互补性进行合理利用,必将获得更好的教学效果。因此,在进行高校体育教学方法优化时,要注意加强对各种教学方法之间相关性和互补性的探究,以实现各种体育教学方法的有机融合,进而使高校体育教学方法不断得到创新与优化。

(二)优化对策

1. 积极转变教师教学观念

不可否认,当前只有积极地对高校体育教学方法进行优化,使其与社会的发展需要和高校学生的身心发展特点相适应,高校才能根据新时期的要求将学生培养成高技能人才,同时搞好自身的体育教学并使其良性发展。优化高校体育教学方法,包含了优化教学策略、组织、手段等,同时也包含了教师优化自身的教学意识和观念。因此,高职院校在优化体育教学方法时,应注重教师教学观念的转变和创新,充分调动教师在教学过程中钻研业务、积极创新和应用好的教学方法的主观能动性。

2. 学生的智商和情商同步发展

新时期,体育教师在教学过程中应该讲究灵活策略,更加注重学生的反应,多鼓励和指导学生。新时期的体育教学应让学生学到更多的实际知识,并能熟练应用学到的知识,感受到真正快乐的学习,促进学生智商和情商的共同进步,这些应该成为新时期体育教师的职责所在。虽然这些实施起来会给教师教学带来一定困难,但是立足于长远,教师如此做将能推动学生能力的增长和个性的发展,成为社会有用之才。

3. 强化教与学结合

教师作为传统教育的主角,教授内容和学生学习内容一致,学生只能被动吸收与消化所学知识,教学过程中学生与教师缺少必要的互动,学生学习效果不是非常理想。因此,体育教师要想取得良好的教学效果,就应该在教学过程中激发学生参与教学的积极性,依据学生的学习特点和要求打造教学特色,使体育教学过程达到教师和学生积极互动、教与学完美融合的境界。

4. 高校体育教学方法优化要科学合理

时代变迁,高校的教学也应与时俱进,体育教学亦概莫能外。传统体育教学已经无法适应时代的发展要求,我们就应积极去改变、去优化,特别是教学方法更要大胆尝试优化。因为传统的体育教学方法曾经与以往社会的发展相适应,也曾培养出大量高素质的人才,因而有许多积极的因素值得学习和借鉴。因此,高校体育教学方法改革,要在对传统体育教学方法的精华进行积极吸收和运用的基础上进行,要注意在继承的基础上进行。

5. 重视培养学生的创新思想

在优化高校体育教学方法的过程中,培养学生的创新思考能力至关重要,其能够促进体育教学方法的进一步创新。注重培养学生自主学习能力,有利于提高学生学习的主观能动性,激发学生参与体育活动的兴趣和爱好,更加积极地参与到体育教学之中,培养学生的创新思考能力。

第二节 高校体育教学内容的优化

一、面向广大普通学生,改变教材中过浓的竞技色彩和落后的思想观念

(一)技术教学方面

掌握一定的运动技术是高校体育教学的目的与任务之一,也是贯彻"终身体育"教育思想所必须的。但是我们应清楚地认识到,每项竞技运动都是经过多年的实践才总结出固定的技术标准,这些技术标准有其可取之处。然而有的教学项目从小学到大学都是用这种技术标准,这十分不合理。例如,篮球教学中的运球技术,小学生也这样要求,中学生这样要求,大学生这样要求,三者同时学习,谁掌握得更好。笔者坚信大学生肯定最好,小学生肯定最差。即使是"专业待训"的选手,也不能过早进行"成人化"技术训练,何况普通学生,更何况教学只是几节课的时间。用这样统一的要求来对待学生显然十分不合适,因而体育教师在教学过程中,要把握好"尺度"。如果不能做到具体问题具体分析,用"走场式"的技术教学,只会造成"四不象"或"一无所长",久而久之学生就会产生厌学情绪。因此,对普通学生进行技术教学时,开始可以"模糊些",后来再"细致些",使其不断提高。

(二)考核方面

由于教学内容主要来自竞技体育项目,所以很多考核要求也是同出一辙。以跳远为例,如果一个学生三次犯规,成绩只能是 0 分。世界上一些著名的选手在经过多年的训练后参加比赛,犯规现象屡见不鲜,何况学生是在经过短暂的学习后进行考核。考核是检查教学效果的一种途径,不是最终的目的,但是在实际中有很多项目是随考核的结束而终止。比如,上文所说的跳远、踏板能不能增宽一些,宽到 30~50cm,只要在这个区域内起跳都算成功,而且从哪儿跳就从哪量起。

(三)应试教育

目前应试教育对体育教育的负面影响很大,学校办学指导思想不够合理。学校体育教学重竞技成绩、轻学生体质,重竞技轻普及、重课内轻课外、重尖子轻全体学生的现象普遍存在。高校体育教育总是片面强调以传统体育知识和技能的课堂教学、以教师为中心,限制了学生独立性活动,不利于培养学生的体育兴趣。大部分学生体质的增强、健身意识的形成、健身能力的培养、健身文化的陶冶、健身习惯的养成被忽略,这些教育内容的缺失影响了学生个性、人格、尊严、价值以及社会生存和适应能力的健康成长、发展和完善,如此就造成了人才培养的片面性。

二、树立"求知创新"和"健康第一"的思想,贯穿终身体育的主线

"健康第一"的思想强调了体育和健康教育结合的内容和方法,使"健康第一"的思想与体育学科的建设有了紧密的连接点,也使维护和增进健康延伸到了终身体育的空间,从而使体育为素质教育服务的特殊作用得以明确。高校体育要全面推进素质教育,树立"求知创新""健康第一"的体育教学指导思想,使学生掌握基本的运动技能,把教育作为教师教育目标的思维定势,对体育的目标、功能、内容、手段和方法等方面要重新认识,构建高校体育教学新体系。

我国高校体育经历了几十年的发展,特别是在改革开放以后,多种教育思想渗入到该领域,给学校体育的发展带来了蓬勃生机。但是,我们必须要清楚地认识到,学生在高校的体育教育是有期限的,而人的体育活动却无止境。如果伴随学校体育教育的结束,人的体育活动也随之终结,那么终身体育就会成为一句空话。

三、教学内容体系创新

(一)重视体育和健康教育相结合

"健康第一"的指导思想,是在我国深化体育改革、全面推进素质教育的形势下,确定了学校体育卫生工作在素质教育中的重要地位和独立作用而提出的。发展素质就是提高学生的思想品德素质、科学文化素质和身体心理素质,这三者之间构成相辅相成、不可分割的整体,其中身体心理素质处于基础地位,是硬件。没有健康的身体,人的道德、认识、理想、情操、信息等软件就会失去依靠的载体。提高素质必须把改善学生体质健康状况,大力提高学生的身体心理素质放在首位。高校体育应该重视引导学生真正懂得身心健康对社会发展和个人生活的重要性,从而激发学生积极参加体育锻炼、磨炼意志、培养自己的拼搏进取精神和公平竞争意识。通过体育实践,师生能够体验到尊重、理解、宽容、合作、责任等积极健康的情感,使学生更加自尊、自信、自强。通过体育教育手段,使学生对运动锻炼的效果产生价值认同,并形成稳定而健康的生活形式。高校体育要构建以人的全面健康发展为核心的综合教育体系,以体现高校体育"以人为本"、生活化、多样化、人文化、知识化和终身化的教育特征。

(二)加强高校体育内容体系的现代化、综合化、个性化建设

为适应市场经济和社会发展的需要,高等学校培养出来的学生必须基础厚、知识宽、能力强,而要达到这一目标就必须改变过去单一的高校体育教育模式。高校体育教育应把学生由单纯的"受教育者"转向"培养者",强调"自我概念""自我教育",教学过程中更加注重"自我"的重要性。体育内容要综合多样化,要增加大量课外运动,如网球、羽毛球、乒乓球、保龄球等项目。尤其是终身体育的内容要大大增加,使学生体会到运动的价值不仅要提高

运动技术水平,还要掌握运动健身方法,为维持和增进健康而服务。

(三)竞技运动的"教材化"和健身运动项目的开发

教材的选择具有多样性,这种多样性不仅来自于学生身心需求的多样性,也源于身体联系的多样性。高校体育应从学校体育目标出发,实现竞技项目的"教材化",以发展学生的身体,满足学生的心理需要。竞技运动项目是体育课程的主要内容,很多情况下不能直接把竞技运动拿到课堂上,需要对它进行加工改制。竞技运动在高校体育中,通过"教材化""健身型""娱乐型""职业型"为主要模式展现在大学校园中。有不少大学生喜爱的竞技运动项目在高校体育中仍占重要地位,随之成为健身运动的新体系,健身运动项目开发必将导致一个新的内容体系的诞生。健身运动项目不排斥竞技运动项目,一些学生感兴趣,负荷适当,便于连续开展的竞技项目完全可以保留在健身运动项目体系之内。因此,高校体育应正确处理竞技运动和发展身体素质的关系,强调其可选择性和参与性。

(四)增加有助于培养学生体育能力的教学内容

从人才成长的一般规律来看,一般都有"求学期"和"创造期"两个阶段,而大学教育正是人才从学习期向创造活动转变的过渡期和转折期。过去高校体育以运动技术教学为中心,注重运动型教育,忽略了体育方法教学,这对于培养学生的终身体育能力,增进健康十分不利。高校除了教给在校大学生最基本的理论、知识、技能外,主要是发展学生的创造能力,特别是学习能力,要让学生在探索新知识的过程中进行创造性的学习。高校体育教学要十分重视体育方法教学,重视学习方法的训练,开展创造性教育,培养学生终身体育能力。

体育教学内容的多样化,必须遵循学生生理、心理发展变化的规律和知识、技能的认识特点,必须满足不同年级、不同性别学生的不同需要和学生个性发展的需要,必须通盘研究大、中、小学体育内容的相互衔接问题。

第三节 高校体育教学环境的优化

一、高校体育教学环境对教学活动开展的重要影响

(一)高校体育教学的外部环境对教学活动的开展具有保障作用

外部环境是高校体育教学的必要条件,是教学活动得以顺利开展的重要基础。在高校体育教学的过程中,不同的外部环境对于教学效果会产生不同的影响。其中,良好的外部环境对于体育教学具有重要的增效作用。例如,先进与完善的体育场馆设施、充足与标准的体育教学器材、清新的空气、明媚的阳光、优美的自然环境,都会对教学效果起到积极的提升作用。学生置身于此种良好的教学环境中,有利于发现适合于自身发展需求的物质条件,使其学习行为得到有效的保障。而恶劣的外部环境则会对高校体育教学效果产生严重的制约性

影响,如破旧的场地设施、陈旧的教学器材以及恶劣的气候条件,不仅会阻碍教学活动的正常开展,而且会导致学生产生厌恶情绪与抵触心理,影响其学习兴趣的保持与发展,进而降低其学习效率,最终导致学习效果低下。因此,相对于高校体育教学来说,构建良好的外部环境,是提高教学效果、推动教学活动健康发展的重要保障。

(二)高校体育教学的内在环境对于教学活动的开展具有推动作用

高校体育教学的内部环境是由教学主体间的彼此互动而形成的,以教学氛围的形式得以体现。教学的行为主体主要由教师与学生两大类别所构成,其中教师是教学活动的组织者,其教学思想与价值观念,决定着教学活动的进程、成效和发展取向。而学生是教学活动的主体,在教学活动中承担着"受益群体"的角色,其学习行为的方式、动机以及效果,决定着整体教学目标的实现。因此,教与学这两大行为主体在教学活动中所建立的互动关系,对教学活动的开展具有十分重要的影响作用。其中,建立在彼此信任、相互尊重和理解基础上的互动关系,能够产生正能量,对于教学活动的开展具有十分重要的推动作用。而建立在相互抵触、缺乏信任基础上的互动关系,则会产生严重的负面影响,对于教学活动的开展具有阻碍和制约作用。因此,在全面普及素质教育的新形势下,促进师生间良好人际关系的形成,达成彼此间的良性互动,建立起通达的情感互动与信息交流的渠道,是构建良好教学氛围,推动教学活动健康持久发展的重要基础。

二、优化高校体育教学环境的重要意义

(一)适应素质教育的发展理念,满足社会发展的需求

实施素质教育的目的在于切实提高教育的社会价值,以满足社会发展的需求。受此影响,高校体育教学在发展理念以及价值取向等方面已经发生了全新的变革。尤其是在培养目标的确定上,由单一的技能型向着全面发展的综合型方向转变。而为了实现这一新型的培养目标,需要对教学活动的各相关环节与因素进行有机地整合、调动与优化。教学环境作为高校体育教学的必要条件,能否凸显出有效的适应性与维护性,将对教学目标的实现产生重要的影响。因此,为了适应素质教育的全新理念,就必须对高校体育教学环境进行有效的优化,确保其重要功能的充分发挥,进而促进学生体育综合素质能力的发展,以满足社会发展的需求。

(二)提高学生体育学习的兴趣,推动其自主学习意识的有机生成

优化体育教学环境的目的在于消除负面因素的影响,唤醒并激发积极因素的作用和功能,进而凸显教学环境的适应性,为学生创设良好的学习条件。在素质教育理念的引导下,自主学习已成为高校学生体育学习的主要行为方式,因而对于教学环境提出了更高的要求。其原因在于,首先,良好的教学环境是学生对体育学习产生兴趣的主要诱因,是心无旁骛地

从事学习活动的重要基础;其次,良好的教学环境有利于学生自主意识的生成,使其个性得到有效的培养,自身的发展需求得到切实的满足;最后,良好的教学环境有利于改善人际关系,使得学生的学习行为能够得到来自于教师与同学的相互帮衬,实现共同发展。

(三)构建良好的教学环境,全面提高教学的整体效果

在素质教育理念的感召下,通过有效的优化手段推陈出新形势,实现对高校体育教学环境的净化,使之成为新形势下高校体育教学发展的重要基础,为高校体育教学活动的开展提供维护与保障,进而凸显教学活动的实效性。这对于高校体育教学整体效果提升,具有极其重要的促进作用。

(四)促进校园体育文化体系的完善,推动和谐校园的建设

教学环境是校园体育文化体系的构成要素,其自身的优化与发展对于校园体育文化的建设,具有重要的促进作用。优化的实质在于彰显适应、实现和谐,相对于高校体育教学环境来说,实现有机的优化是营造和谐教学氛围的必要条件。传统的高校体育教学环境,由于在教学思想、教学方法以及发展取向等诸多方面凸显出一定的强制性,致使学生成为教学活动的弱势群体,其自主意识与个性发展受到限制,只能进行被动的接受式学习。在此状况下所构成的教学氛围,存有明显的不和谐因素。而实现高校体育教学环境的优化,能够凸显学生的主体地位,对不和谐因素进行有机的修正与摒弃,使得教学环境趋于健康、和谐与完善。这对于和谐校园建设的发展,也具有重要的充实与推动作用。

三、高校体育教学环境的优化原则与优化策略

(一)优化原则

1. 教育性原则

高校的作用就是传授知识和培养学生品格。所以,在设计体育教学环境时,要注意教育性原则,陶冶他们的体育情操、强化他们的体育学习动机。

2. 人文性原则

人文性原则就是在设计体育教学环境时,要始终以学生为本。既要充分考虑学生的生命安全、卫生等,又要营造和谐、民主平等的氛围。

3. 科学性原则

科学性原则就是在设计体育教学环境时,尽量满足开展体育教学活动的需要,符合学校美学、建筑美学等的基本要求。还要考虑不同学生的差异性需求,满足他们身心发展的基本规律。

4. 实用性原则

实用性原则就是在设计体育教学环境时,充分考虑各个高校的实际需求和经济状况,形成具有自己特色的高校体育教学环境。

(二)优化策略

1. 优化体育教学设施

优化高校的体育教学设施主要包括两方面的内容:一是购买齐全的体育器材;二是体育器材的合理利用、整体协调。首先,各个高校要根据自身的实际经济条件,加大经费的投入,同时争取国家的政策支持。购买各种必需的体育教学设备和体育器材,建设良好的体育场地,确保体育场地和体育器材满足高校教学的需要,创造良好的体育教学环境。其次,在购买体育器材之后,要对其进行合理布局,保证体育器材的整体协调。同时,合理安排体育课堂时间,提高它们的课堂利用率。在建设体育场馆时,一定要合理规划,使其采光充足,保证空气流通性良好。体育场馆的建设和体育器材的购买都要根据学生的需要和体育教学的需求进行,这样才能保证体育教学质量的提高。

2. 优化时空环境

时空环境因素主要是指空间因素和时间因素:从空间的角度来说,学校根据自身的体育设施情况,做到课上及业余时间充分利用体育场地和体育器材,最大限度提高学生的身体素质;从时间的角度来说,要根据学生的差异性,如心理承受能力的不同、年龄的不同等制定学习内容,安排教学计划,充分利用学生自身的优势,让其身心得到最大程度的发展。

3. 优化人际环境

学生对教师的感情和情绪直接影响着课堂的教学效果。如果学生很喜爱这位教师,那么在课上就会积极地参与课堂活动,从而提高学习效果。对于体育教师来说,和同学处好人际关系,保证关系融洽,课堂氛围才会和谐,教学活动的开展才会便利。所以,体育教师要注重自身的品德修养和自己专业素质的提高,在课堂上展现自己的人格魅力,得到学生的喜爱,那么学生在学习过程中才会充分发挥他们的主观能动性。

第四节 高校体育教学模式的整体优化

一、体育教学模式整体优化的概念

体育教学模式的整体优化是指体育教师运用综合性观点,对体育教学模式在分析和综合的基础上,通过优选体育教学模式和科学地组织体育教学,在已有的物质基础条件下用最少的时间和精力获取最佳的体育教学效果。

二、体育教学模式整体优化的理论依据

(一)系统科学整体优化原理

按照系统科学理论的思想和观点,任何事物、过程并不是各自孤立和杂乱无章的随意堆

砌,而是一个由各个部分组成的合乎规律的有机整体,而且它的整体功能要大于各部分功能之和。系统科学理论同时认为,任何系统只有通过要素和结构的优化,才能实现其整体功能的优化。根据系统科学原理和体育教学模式的概念特征,优化体育教学模式应优化理论要素、体育教学目标和教学内容,改造主客观因素,优化教学条件,改进教学组织形式与方法,优化教学过程结构、建立科学的课程标准评价体系等,才能实现体育教学整体功能的优化。

(二)巴班斯基的教学优化理论

巴班斯基的教学优化理论,不是着眼于教学活动的各个变量和推演,而是着眼于教学过程整体最优的效果和效率。他给教学最优化所下的定义是:"教学最优化可以说是从解决教学任务的有效性和师生时间消费的合理性出发,有科学根据地选择和实施该条件下最好的教学方案。"他把教学最优化的理论和方法看作是科学地组织教育活动的一般理论的一个要素。科学地组织教育活动的一般理论认为按照科学理论依据来拟定教学目标,明确教学任务,创造必要条件,选择优化的方案,并随时进行调整、检查和考核。巴班斯基认为,如果不选择最优教学方案,实际上是不可能科学地组织教学活动。选择整体优化的教学模式是教学优化的前提。巴班斯基强调,辩证唯物主义的系统方法是选择优化教育决策的方法论基础,在作出决定时,只有考虑系统各个成分之间的一切规律的联系,才有可能选择出优化的教学方案。巴班斯基教学过程最优化理论在教学论上被认为:"有助于教师最优地制定教学方案和组织教学过程以获得最佳效果"的一种教学理论。

三、体育教学模式整体优化的原则

(一)整体性原则

用整体的观点考察体育教学模式,有助于我们在教学实践中科学地把握体育教学模式的结构和活动环节。将体育教学模式看作是一个系统,它由纵横两个轴向构成,纵向是由学段、学年、学期、单元和课时等教学过程组成;横向是由不同的体育教学模式组成。用这种整体的观点才能更好地认识体育教学模式,才能对体育教学的大环境做一个具体的、整体的判断和分析。在此基础上才会实现全面优化教学目标、教学内容、教学方法、教学手段、教学组织形式以及教学评价等。因此,在体育教学模式中必须整体而有序地考虑教学模式构成要素及相互联系,力求使体育教学模式发挥最大程度的整体效益。

(二)关联性原则

用联系的观点分析体育教学模式的结构和功能,可以发现体育教学模式存在着多种多样的内在和外在联系。其中主要有因果联系、发展联系以及控制联系:因果联系是指体育教学模式中设计和操作与效果之间存在着一定的相互依存关系,因此,在体育教学模式实施中及其结束之后,要不断地分析和研究各种现象之间的因果联系,寻求体育教学模式中的某些因素之间存在的本质的必然联系,并用这种联系达到体育教学效果优化的目的。发展联系是指体育教学模式本身就是一个发展过程,而学生在教师影响下所产生的对掌握一定知识、技能、技巧的需求和满足这种需求的实际可能性之间的矛盾,是体育教学模式内部发展所固有的矛盾,这是推动体育教学模式不断向前发展的动力。因此,体育教学模式要充分发挥教师的主导作用,充分考虑学生的主体地位,精心选择教学内容、方法、形式和手段,以推动学生的身心发展。控制联系是指实施体育教学模式是一个控制和自我控制学习认识活动的过程,表现在教师对学生学习活动的计划、组织和检查工作方面,反映在体育教师教学的主导作用之上。对体育教学模式操作控制太严,会压抑学生学习的主动性、独立性、创造性以及学生自我控制能力的发挥;对体育教学模式控制太松,则会降低教师在教学中的主导作用,不利于学生主体地位的体现,影响学习效果。因此,把握合适的尺度,寻求教与学控制之间的优化结合点才是关键。

(三)综合性原则

体育教学内容的执行和体育教学目标的实现只有建立在优选的体育教学模式基础之上方可完成,体育教学是一个复杂的系统,涉及的因素比较多,如教材的难度、场馆的设施、教师的亲和力、学生的基础、天气的变化以及环境的清洁等,而这些因素都可能成为选择体育教学模式的关键点。所以,在体育教学模式制定中要以综合的观点处理这些问题,优选体育教学模式和方案,优化评价标准,综合考虑体育教学模式的优化问题。

四、体育教学模式整体优化的标准

(一)效果标准——体育教学效果优化

体育教学效果优化表现在教学所要完成的任务或所要达到的预期目标方面。在体育教学中要根据体育教学目标、教学任务和要求,按照每个学生的体育基础和身体能力及特点,使每个学生都能得到充分的发展。体育教学模式目标,在采用不同的体育教学模式时,虽然有不同的侧重点,但不外乎运动参与目标、运动技能目标、身体健康目标、社会适应目标和心理健康目标。但无论是侧重哪一方面,只有全体学生都达到预期的任务或目标,才能算是效果最优化。

(二)效率标准——体育教学效率优化

体育教学效率优化表现在达成教学任务或目标所耗费的时间、精力和费用的合理性方面,它表明了教学投入和产出比例的合理性。不论采用哪一种教学模式,都必须讲求教学效率,只有省时、省力的体育教学才算是效率优化的体育教学。

五、体育教学模式整体优化的内容

(一)根据不同教学思想优化体育教学模式

体育教学思想是制定体育教学模式的灵魂,不同的体育教学思想赋予了具体教学模式以生命力,使教学模式有了明确的方向盘,并时刻把握正确航线,最终去完成它预期的目标。为了达成某种特定的教学思想,需要精选教材内容,但由于教学思想的多元化,教学内容的选用也具备了多样性、复杂性的特点。为使教学思想条理化、明确化,使之从整体上符合学校体育指导思想的大方向。根据教材内容的不同性质,它可以分为精细教学型内容(主要是指新大纲中规定的难度较大的必修教材、与终身体育相联系的选项教材等)、介绍型内容(主要指选修内容、尝试性内容、难度较小的内容等)。以上两种不同类型的教材所隐含的教学思想和要达到的教学目标存在一定差异。

(二)根据单元教学不同阶段优化体育教学模式

在精细教学类内容中,大纲规定了各个项目的学时,以确保各个运动项目单元教学任务的完成,并使学生能熟练掌握几项运动技能。因而"大单元教学"是一个非常重要的概念,它是指根据项目中的不同环节、重点主次安排不同的教学任务、教学步骤、教学方法,以确保各环节的衔接,并顺利完成完整动作的教学。由于在单元教学中,存在着掌握技能的不同阶段,因而在教学的不同课次,不同阶段应有主次之分,有了主次,在教学模式选择上也就有了差别。

(三)根据不同的外部教学条件优化体育教学模式

体育教学的条件分为两类:第一类是指固定的一些硬件,如不同地区、各种体育器材、设备场馆;第二类是指不固定的硬软件,如各地区、各学校的传统体育项目、教具、幻灯、模型、多媒体等。优化的方法是指各硬件的不同组合形式,也即针对具体的教学目标、教学内容和传统体育项目,合理地选择多种体育场地和器材。同时,对场地进行合理的布置,并且运用多种教学辅助手段,如挂图、教具、幻灯、模型、多媒体课件等来实现不同的教学目标。

由于体育教师运用体育教学手段和条件的能力有所不同,同一教学手段和教学条件,不同的人使用和组合,也会产生不同的效果。从教学模式角度来说,不同的体育教学模式,相应所选用的体育教学条件也有所不同。但同一体育教学模式,由于选择的体育教学条件和组合形式不同,势必会产生迥异的效果。因而,体育教师应根据具体的体育教学目标、模式要求,有创造性地、合理地、科学地运用和组合体育教学条件,使其产生最佳的体育教学效果。

六、体育教学模式整体优化的策略

(一)优化体育教学目标,使之具有明确性

体育教学目标是体育教学过程的起点和归宿,是首要解决的问题。因为在整个体育教学过程中,它对教学内容的组织、教学方法的实施、教学结构的建构和教学手段的运用起着指导和统领作用。体育教学目标的确定有一定的依据,它受到教育目的、学校教学目标、学科整体目标等因素的制约。体育教学目标要明确、科学和可操作,各种目标之间要有鲜明的

差异性和连贯性。体育教学目标的确定要有利于教学设计,有利于监控教学过程,有利于教学评价等。

(二)体育教学内容是体育教学过程中最基本、最主要的组成部分,是教学目标的载体

体育教学内容是教师和学生直接接触的材料,它是否受到学生的欢迎,学生是否对学习内容感兴趣都会影响到体育教学目标的完成情况。因此,一定要精选体育教学内容,使之更加具有可学习性,能受到学生的欢迎。为了优化教学模式,教师必须选择那些学生喜闻乐见,锻炼形式有趣的内容,也可以对竞技项目进行必要的改造,使之更加具有教材性。

(三)优化体育的课堂教学结构,使之具有合理性

课堂结构是体育教学模式的主要表现形式,课堂结构不仅是在规定的时间空间内教学活动的各个环节、步骤的具体安排,更是教学目标、教学内容和教学方法等的具体体现。课堂结构是一个复杂的系统,根据系统论整体大于各要素部分之和的观点,在优化体育教学课堂结构时不能只重视局部优化,而要着眼于整体,使课堂教学结构的各个组成部分相互协调、彼此促进。

(四)优化体育教学方法,使之具有实效性

体育教学方法是指在体育教学过程中,教师和学生为了实现体育课堂教学目标所采取的行为方式的总称,其包括教师在课堂教学过程中的行为活动方式,学生在教师指导下学习体育知识和技能的行为方式。优化体育教学方法要使方法的选择适应教学内容、适应学生的基础水平,使学生在尽量短的时间内掌握较多的知识和技能,并受到全面的思想道德教育,得到全面发展。体育教学方法的选用要做到科学合理、高效突出、力求创新。

(五)优化体育教学评价,使之具有激励性

体育教学评价是体育教学模式中十分重要的一个环节,是指运用科学的手段,依据教学目标,对教学(教师和学生)活动进行全面的、全方位的定量或定性的分析,做出客观公正、准确的价值判断。优化体育教学评价要注意评价的全面性、民主性和发展性,最重要的是要突出评价的激励作用,使评价成为学生学习的动力。

第九章　新时期高校体育教学的创新

第一节　高校体育教学创新原则及路径

一、高校体育教学创新应遵循的原则

(一)主体性与超越性原则

体育教学创新的实质是把个体的地位、潜能、利益、发展置于核心地位，发扬人的主体性，其职能是最大限度地激发学生的积极性、主动性和创造性。摒弃教学方法单一、教学模式固定、管理方式死板的"一统化"的教育方式，使学生在教育教学活动中表现出高度的自主性、主动性和创造性。体育课堂的主导活动是以学生为主，教师的教只作为一种辅助形式，融于学生的各项活动之中。而且在发挥主体性作用当中，还应摒弃传统教育机械单向的"适应论"，而走向"超越论"。创造出不以"重复过去"为己任，而是在人文本质上真正超越前人的一代"新人"。换言之，就是在教师的引导下主动参与体育课堂教学，使之由过去体育课堂单纯听口令的被动接受者变为主动受益者，成为体育课堂教学的主体。

(二)民主性与独创性原则

教师和学生对于知识、价值及其评价有着平等的发言权，因而在教学活动中是一种平等关系，这一平等关系又必须建立在一种民主宽松的教学氛围(如师生关系、教学环境、学生自由发展度等)基础之上。这样不仅能充分发挥学生的创造性思维和想象力，也有利于学生个性的发展。因为，个人作为教育主体不仅具有主体共同的特性，还具有独特性和差异性。而民主平等的师生关系和生生关系，民主和谐的教学氛围使得师生间能够互相接受、互相适应、互相理解、互相尊重。

(三)全面性与发展性原则

创新教育是综合素质的教育，它涉及人格、智能、知识技能培养等诸多方面，其实质是培养人的自由全面发展。相对于传统教育而言，创新教育是一种注重完善学生健全人格的教育。作为体育教学来讲，一方面不仅要注重德、智、体、美、育在学生身心发展中的有机渗透，培养其崇高坚定的人生信念、坚韧不拔的奋斗志向、纯洁优秀的道德品质、超凡脱俗的审美理想、宽广渊博的文化素养和敏捷灵巧的生活技能；另一方面更要注重培养学生从事未来创造工作所必备的独特精神品质，如坚持探索、不随波逐流的独立人格，标新立异、破除陈规的

批判精神,不拘陈见,富于变通的灵活态度、博采众长、吸纳百川而又独树一帜的宽广胸襟等。因而,体育教学创新更是全面性和发展性特征的完美体现,其宗旨就是实现学生认知和个性的全面协调发展。

(四)启发性与互动性原则

体育教学中学生创造性思维的激发和培养是建筑"创新"大厦的基础之一。通过体育教学,教师对学生施以积极的教育和影响,为使他们最终作为一个独立的个体能够学会并善于发现和认识有意义的新知识、新事物、新方法,掌握其中蕴含的基本规律并具备相应的能力打下稳固的基础。但创造性活动并不是单方面的,而是师生间的一种互动,只有这样才能相互启发、相互激励、相互帮助,才能激发思维,形成创造性想象。而互动性在体育课堂中表现得最为明显,只有师生积极配合,才能发挥最佳的体育教学效果,才能使学生在互动过程中形成自己的知识结构、能力结构和人格结构,展示自己的独特性和创造性,培养积极参与的能力和态度。

二、高校体育教学创新的路径

(一)转变教育观念,更新教育思想是体育教学创新的前提

要从传授、继承已有知识为中心的传统教育,转变为以学习者为中心,着重培养学生创新精神的现代教育。教师要认识到"授人以鱼,不如授人以渔"的道理,努力形成以主动参与、积极探索、主动思考、主动创造为基本学习方式的新型教学过程。要坚持教育的成功导向和正面鼓励,鼓励冒尖,允许"落后",不求全责备,充分发挥学生的个性。认清创新教育的核心是教为主导,学为主体,整个教学过程是在教师的引导下,充分发挥学生的主体性,引导学生主动学习、创造性学习。在创新教育中,教师应重视调动学生的主动性和创造性,开发学生的智力,促使学生由"要我学"转变为"我要学",从而迸发出极大的学习热情,并能够处于主动学习的最佳状态,从而为培养学生的创新能力打下基础。

(二)建立民主师生关系,创设学生创造性思维的氛围是体育教学创新的基础

实践证明,在专断的师生关系中,教学氛围沉闷,学生精神抑郁,学习非常被动。而在民主的师生关系中,学生会对教师产生信赖感、亲切感,从而形成有益于课堂教学的亲和力。教学氛围活跃,学生精神振奋,心情愉快,学习积极主动,有利于激发学生的创造性思维。因此,在体育教学中,教师要尊重学生的人格和权利,与学生建立民主平等的师生关系,形成健康、美好、愉快的气氛与情调。使学生在和谐、融洽、宽松的环境下学习锻炼,并不失时机地对学生在教学过程中显现出来的审美意向和创造性进行形成性和激励性评价,加以鼓励赞扬,使学生获得心理满足,激发学习的积极主动性。总之,体育教育必须走"民主化"的道路,师生之间应该建立合作、开放、真诚、平等、共融的密切关系。

(三)创建以学生为主体的新型教学模式和教学方法是体育教学创新的主要内容

第一,在教学模式中,应把体育教学和创造活动有机地结合起来,切实做到以下几点:一

是摒弃传统的教师教、学生练的模式,引导学生积极地介入到教学活动之中,鼓励学生提出新方法、创造新游戏。坚持标准的统一性和运动项目及运动方法的灵活性和多样性,充分发挥学生的潜能、特质和独特性。二是教师和学生都以研究的态度对待体育锻炼方法的学与练,针对学生身体素质的特点,选择合适的锻炼项目、方法和评价标准。鼓励学生提出新见解、创造新练法、形成新游戏。三是在竞赛活动中,鼓励学生自己提出训练方案和比赛策略。四是在体育游戏中不仅注重学生的身体素质培养,还要注重学生智力因素、情感因素和创新精神的培养。

第二,在教学方法上,教师应针对学生身体素质的特点,选择合适的锻炼项目、方法和评价标准,鼓励学生提出新理解、创造新练法、形成新游戏。例如,在竞赛活动中,鼓励学生自己提出训练方案和比赛策略。在体育游戏中不仅注重学生的身体素质培养,还要注重学生智力因素、情感因素和创新精神的培养。要随时诱导学生进行独立思考,鼓励学生提问题,即使提一些"奇离古怪"的问题也无妨。应鼓励学生大胆发言,对老师的某些观点提出质疑。如有回答不出学生的提问,老师要敢于说让我"想一想""查一查",要敢于正视自己的不足,努力防错和纠错。

(四)提高体育教师的综合素质是体育教学创新的关键

创新教育在教师要求上,不再满足于传道、授业、解惑的传统功能和作用,而要求教师能在学生创新教育的过程中发挥引导和示范作用,即教育者能以自身的创新意识、思维以及能力等因素去感染、带动受教育者创新力的形成和发展。在某种意义上可以说,只有创新型的教师才能实施创新教育,才能培养出创新型的学生。因此,教师自身必须具备较强的创新意识和较强的创新能力,只有这样,教师才能从自己的创新实践中发现创新能力形成发展的规律,为创新教育提供最直接、最深刻的体验。最终在教学过程中,自觉地将知识传授与创新思维结合起来,发现学生的创新潜能,捕捉学生创新思维的闪光点,多层次、多角度地培养学生的创新精神和创新能力。因此,要实现体育教学的创新,教师必须具备以下几个方面的能力:

第一,具备深厚的文化功底和扎实的教学基本功。创新教育中要求有丰富多彩的体育课程项目,学生可自行选择适合自己的学习项目,这对于教师来讲无疑是一种无形的压力。因为教学内容的不同必然会带来教学方法、教学方式的变化,这就要求教师不仅要具备深厚的文化知识、艺术素养和丰富的综合运用知识的能力,还要具备扎实的专业教学基本功。要能够将其他学科知识、日常生活技能有机地结合在体育教学中,起到触类旁通的作用。通过教学艺术的积极引导,培养学生学会自主学习和综合运用知识的能力。

第二,具备驾驭教学情境发展走向、调控教学进程的能力。教师在创设情境教学时,首先要把握好主题与学生情感产生的临界点,找出重要的情境适合于相应年龄学生情感的最近域,这样就能在较短的时间内激发起学生的情感;其次应具备较强的教学组织调控能力,也即在课堂教学中起到组织、引导、控制以及解答作用,要改变"一言堂"的弊病,形成以学生为中心的生动活泼的学习局面,这样容易激发学生的创新激情。这就要求教师一方面在组织教学中要有敏锐的观察判断和处理问题的能力。这是由于体育教学空间范围大、学生的兴奋程度较高,因此准确地预见和判断教学走向,对于控制好主题式情境教学有着极其关键的作用;另一方面要有较强的语言表达能力。教师的语言表达艺术既能激发学生情感的产生,又能在公正、公平、富有激励性的评价下,推动学生积极锻炼。

第三,具备积极的创新意识和创新能力。体育教学的创新要求教师必须突破传统教学模式条条框框的束缚,不断地运用创造性思维进行探索,善于吸收其他学科的新思想、新方法,通过自己的认识—实践—再认识—再实践,形成具有自身特色的现代体育教学方法。因此,这就要求教师必须具备积极的创新意识和创新能力:一是敏感性。即指容易接受新事物,发现新问题。二是灵活性。即指具有较强的应变能力和适应性,具有灵活改变方向的能力。三是独创性。即指产生新的非凡思想的能力。四是洞察力。即指能够通过事物表面现象把握其内在含义和本质特性。

第二节 高校体育教学中学生创新意识与能力的培养

一、高校体育教学的目标及学生创新意识的培养

(一)全面实施素质教育,为学生创造意识的培养奠定坚实的基础

素质教育与传统教育最根本的区别就在于它的全面性、全体性和自主性:全面性是要使学生得到全面发展;全体性是指教育要针对所有学生;自主性是教学过程中要使学生主动地学习。结合高校体育教学的特点,利用有限的时间开展多种体育活动,使学生能够按自我兴趣、爱好和社会需要来选择体育项目,充分调动学生学习的能动性,从而给创新教育做好准备是学校教学的重要目标。

(二)改革教材内容,重构教材体系

体育教材内容的选择直接影响到学生体育意识的培养,所以高校体育教材的编写应根据学生体育锻炼的需要,其体系应从健身、娱乐、休闲等方面予以考虑,多选择一些难度小、易开展、趣味性强,融健康、娱乐、休闲为一体的项目。

(三)营造创新环境,培养学生的创新意识

高校体育教学要培养学生的创新意识就必须营造一种适宜的环境。例如,田径、武术、体操等项目,经过长期的演练已经形成了固定的格式,所以在这些项目的教学中主要是进行模仿学习,而各种各样的游戏和对抗性的比赛也能给学生创造性的发挥提供广阔的空间。此外,意识是行动的先导,在体育教学中培养学生的创新意识也是创新教学的一个重要

环节。

(四)强化课外体育,扩大锻炼领域

从事课外体育活动不仅能对体育课起到互补和延伸作用,而且还能使学生在课内学到的体育知识、技术、技能得到消化、巩固。由于课外体育是学生自己担任主角,它不仅可以培养学生的一般能力,而且还能培养其组织能力、管理能力和创造能力,对提高学生的综合素质,培养学生多方面的体育能力能够起到重要作用。

(五)开展丰富的校园文化活动,积极营造良好的校园文化氛围

校园文化对于高校学生陶冶性情、磨炼意志、塑造自我有着重要作用。校园文化是大学生成长和发展的直接环境,要大力开展丰富多彩的校园文化活动,积极支持和指导学生,共同营造生动活泼、健康向上的校园文化,使学生从中受到文化氛围的熏陶。同时,还要重视校园环境建设,建设一些优美的自然景观、人文景观,形成良好的学习和文化氛围,促进创新教育的发展。

(六)调整考试和评价方式,促使学生创新意识的提高

对学生学习效果的考核和评价一直是影响学生学习方向的重要因素,过分重视考试的结果和固定的考试形式一直是传统教育需要改进的地方。改革传统考核与评价的方法,根据学生的实际情况,灵活掌握考试方法,不硬性规定考试项目则是解决此类问题的主要措施之一。

二、体育教学中的创新意识的培养方法

(一)思想的创新

发展娱乐性体育和健身性体育是转变学校体育教育观念的体现,也是当前学校体育的重要特征。

(二)教学方法和组织形式的创新

可以采用启发式教学,以达到在教学过程中"学"的中心地位,引导学生自己解决问题,促使学生积极参与教学活动。在掌握运动技能的过程中,发展创新意识,去创造更合理、更完善的技术动作。可以用发现教学法来不断刺激学生发现问题和创造活动的兴趣,用学导式的教学法将学生主体和教师主导地位统一起来,使学生自学和教师引导相结合,从而培养学生自觉锻炼的热情,养成自我锻炼、终身锻炼的习惯。应改变以往的组织形式,使学生成为体育教学的主人。教师可以只说明活动的目的、要求,安排一些小型比赛,由学生自定规则,相互裁判等,以此来提高学生的参与热情,掌握裁判技巧,培养组织能力和创新能力。

(三)重视创新方法的传授和体育理论课的作用

发散思维和创造个性是学生创新意识构成的两个主要方面,创新意识的其他因素在体育教学中的作用也不容忽视。对体育知识和体育项目的充分了解是体育教学中学生创新能

力培养的基础,理论课可以利用自身独特的优势,以图片、幻灯片、录像、电脑软件等高科技教学手段形象而生动地阐述体育基本知识、专项理论和体育娱乐欣赏等内容;也可以利用多媒体视频、电脑软件等手段对一些社会上比较流行而学校没有条件开展的,如网球、保龄球、高尔夫球等体育项目进行介绍、学习和模拟;还可以根据社会需要、男女学生对体育文化需要的差别,灵活地进行教学,给男生讲解 NBA、国内足球联赛、欧洲联赛等。给女生讲解健身、美容、减肥、形体训练等方面的知识。这样可以充分挖掘学生的主观能动性,促进个性的发展,使创造能力迅速得到提高。

第三节　高校体育教学模式的创新改革

一、目前高校体育教学模式存在的问题

(一)教学理念较为落后

我国高校体育教学依然保持传统教学的特点,发展至今并没有改变多少。在日常的高校体育教学中,教学方式较为单一,授课方式都比较传统,主要是教师讲课,学生被动地接受知识。教师首先做一些示范,然后由学生进行模范练习。这种方式已经严重阻碍了新课程理念下教学模式的创新,我们需要改进教学方式,注重教学方式的多元化,努力适应新形势下高校体育的教学理念,力求高校体育教学取得创新性效果。

(二)体育教学内容深度不够

众所周知,如果教学内容只是浮于表面,只做表面文章,那么教学内容就无法得到深入。目前很多体育教材存在只注重表面技术的问题,只注重大容量,而忽视了教材内容的深度。一些体育教材只是简单介绍体育运动的形式,却不能充分体现体育精神、民族精神,不注重培养学生的终身体育意识。教材内容的深度不够,就无法达到学生学习体育的真正目的,也就很难培养学生的创新精神。

二、高校体育教学模式创新改革策略

(一)明确教学目标,突破传统教学思想束缚

我们都知道,我们只有在学习的过程中确定明确的目标,才能向着目标努力前行。同样,教师在教学过程中也必须树立明确的教学目标,抓住教学难点和重点,注重教学技巧。教师在向目标前进的过程中一定要冲破传统教学思想的束缚,摒弃一些旧的教学理念,大胆创新教学理念,勇于创新教学模式,将现代化元素引入课堂,使得体育课堂集娱乐、健身等于一体,遵循学生的个性发展,使学生在轻松愉快的氛围中取得进步。教师的教学目标不仅仅是培养学生的运动技巧和专业知识,更重要的是培养学生终身体育意识,提高学生的体育能

力,帮助学生增强体质,提高学生的综合素质,推动高校体育教学向着积极方向的发展。

(二)注重高校体育课程结构的优化

要想实现高校体育教学的创新,必须实现高校体育课程结构的优化,在课程结构优化的过程中,我们要注重信息知识和技能技巧的创新。同时,也要将素质教育创新作为核心内容,努力做到使学生在提高自身身体素质的同时,提高自身的综合素质,促进学生的全面发展。

(三)注重教师素质水平的提升

要想实现高校体育教学的创新,在注重课程优化和教学目标制定的基础上,提升教师的业务素质水平也非常重要。因此,相关部门和领导要注重教师师资队伍的建设,要大力引入具有创新性思维,授课方式较为个性的教师,鼓励教师积极参与体育教学科研项目,培养教师的科研精神。在科研过程中激发教师的创新能力,这样教师才能更好地在教学过程中培养学生的创新思维,实现高校体育教学模式的创新与改革。

(四)更新教育观念,树立创新意识

开展创新教育,不仅需要一定数量的教师,而且需要素质过硬的创造型教师。也就是说,没有一支具有良好素质的教师队伍,创新教育就不可能顺利进行。具有创造精神的教师,能够利用一切机会和条件激发学生的创造欲望,满足学生的心理需要,并能够不失时机、随时随地进行创造素质培养。

现代心理学对创造心理的研究表明,创造力可以表现在人类的各种社会实践活动中,诸如身体运动、语言等方面,人们都可以有出色的发展和表现。因此,要真正承认学生有创造力,就要去发现学生的创造力,认识学生的创造力。传统教育观念以传授知识为核心,以培养熟练掌握书本知识的人才为目标,因此必然导致学生以教师、课堂、书本为中心,这不利于学生创造心理素质的培养。现代教育观以培养创新能力为目标,倡导以学生为主,积极引导学生勇于探索、积极思考,直至领悟知识的形成和发展规律,并在探究中培养学生的创新能力。以实践操作为主要手段的体育教学,要做到体育知识与运动实践的有机结合,教师应科学地设计教法,合理地选择学法,设计学生参与学和练的整个过程,努力创设贴近学生生活实际、适应社会需求的体育锻炼环境和运动训练项目,重应用、重实践,在应用和实践中培养学生的创新意识、创新精神和实践能力。

参考文献

[1] 卞义诚.探究体育教学实践中的训练理论与训练方法[J].当代体育科技,2021(4):54-56.

[2] 曹垚.现代体育教学理论与实践训练探索[M].长春:吉林人民出版社,2020.

[3] 陈建.创新教育理念下体育教学方法理论与实践研究[J].知识经济,2021(17):135-136.

[4] 冯坤野.体育教学的信息化教学理论与实践研究[M].北京:中国水利水电出版社,2018.

[5] 高家良,郝子平.体育教学理论与实践创新研究[M].西安:西北工业大学出版社,2020.

[6] 高勇.高校体育专业理论与实践一体化教学模式探究[J].佳木斯职业学院学报,2020(2):109-110.

[7] 黄晓波.新时代背景下体育教学与训练的理论和实践探索[J].当代体育科技,2021(19):251-253.

[8] 吉丽娜,李磊.高校体育教学与训练理论实践探究[M].北京:地质出版社,2017.

[9] 黎进.创新教育理念下体育教学方法理论与实践研究[J].拳击与格斗,2021(16):41.

[10] 李宏印.体育教育教学理论与实践[M].西安:西安地图出版社,2006.

[11] 刘海军,刘刚,裴钢辉.基于素质教育导向的高校体育教学方法、模式改革理论与实践[M].北京:中国纺织出版社,2019.01

[12] 吕高飞.大学体育教育理论与实践:基于体育与健康课程理念下的教学改革与思想[M].太原:山西人民出版社,2009.

[13] 毛永革.大学体育"双课堂"教学模式理论探索与实践研究[J].高教学刊,2021(36):101-105.

[14] 上官福忠.普通高校体育教学改革的理论与实践研究[J].当代体育科技,2020(14):177-178,180.

[15] 舒康.加强大学生体育理论教学与实践能力的培养——评《大学体育理论与实践》[J].林产工业,2020(8):113.

[16] 王丹.体育教学的理论与实践探索[M].北京:北京理工大学出版社,2019.

[17] 王锴,马宏俊.民族传统体育理论创新与教学实践[M].北京:中国书籍出版社,2016.

[18] 王文强.创新教育理念下体育教学方法理论与实践探究[J].当代体育,2021(7):23.

[19] 王云峰,王学成.教学改革视角下体育运动开展的理论与实践指导[M].北京:中国商务出版社,2018.

[20] 徐大林.基于学生全面发展的体育教学方式理论与实践研究[J].当代体育科技,2019

(24):149−150.

[21]徐雪冬.创新教育理念下体育教学方法理论与实践研究[J].文体用品与科技,2019(22):103−104.

[22]薛永胜,杨莎,刘尚武.有效体育教学理论体系的构建与教学实践研究[M].长春:吉林科学技术出版社,2019.

[23]杨明强.学校体育教学理论与实践研究[M].武汉:武汉大学出版社,2018.

[24]翟雷.新时期高职院校体育教学改革的理论与实践[J].课程教育研究(学法教法研究),2019(3):10.

[25]张恃才.中学体育教学如何实现理论与实践并重[J].新课程(中),2019(10):65.